DICTIONNAIRE
DES
CALEMBOURS
ET DES
JEUX DE MOTS

RECUEILLIS PAR LE BARON DE LA POINTE

ET

J.-EUGÈNE LE GAI

DICTIONNAIRE
DES
CALEMBOURS

52902

PARIS
IMPRIMERIE J. CLAYE, RUE SAINT-BENOIT, 7

DICTIONNAIRE
DES
CALEMBOURS
ET DES
JEUX DE MOTS

LAZZIS, COQ-A-L'ANE, QUOLIBETS, QUIPROQUOS
AMPHIGOURIS, ETC.

RECUEILLIS

PAR LE BARON DE LA POINTE
ET
LE Dr EUGÈNE LE GAI

> Quel genre d'esprit faut-il avoir pour deviner un calembour? — Il faut avoir l'esprit devin.

PARIS
PASSARD, LIBRAIRE-ÉDITEUR
7 RUE DES GRANDS-AUGUSTINS

Droits réservés.

1860

DICTIONNAIRE

DES

CALEMBOURS

ET DES

JEUX DE MOTS

LAZZIS, COQ-A-L'ANE, POINTES, QUIPROQUOS

AMPHIGOURIS, ETC.

A

On présente en forme d'énigme ce jeu de lettres :
— Je suis capitaine de vingt-quatre soldats ; sans moi *Paris* serait *pris*. — On comprend que ce capitaine est la lettre *a*.

Quels sont les A les plus respectables ? — Ce sont les Aloyaux.

Quelles sont les plus vieilles de toutes les lettres ?
— Les lettres A G.

Quelles sont les lettres les plus incommodes ? — Les lettres A J T.

ABBÉ

Il y a, dans le pays wallon, un monsieur l'abbé Tise, à qui on conseille de changer de nom.

A B C exprime le sort que doit attendre celui qui s'exalte.

ACCOMPLI

On critiquait devant un bon curé ses paroissiennes. — Cependant, répondit-il, je les vois presque toutes à Complies. Voyez *Complimenteur*.

ACCOUTUMÉS

On conduisait un Picard et un Normand à la potence. Le Picard pleurait. — Lâche! lui dit le Normand, qui ne pleurait pas. — Hélas! répliqua le Picard, nous ne sommes pas accoutumés comme vous à être pendus.

ACROSTICHE

Celui que nous citons ici offre un gracieux jeu de mots.

    L ouis est un héros sans peur et sans reproche.
    O n désire le voir. Aussitôt qu'on l'approche,
    U n sentiment d'amour enflamme tous les cœurs.
    I l ne trouve chez nous que des adorateurs.
    S on image est partout, excepté dans ma poche.

Le comte de Marcellus, qui était poëte assurément, quoique dans les seconds rangs, adressa un jour à M. de Bonald un acrostiche dont les premières lettres formaient son nom. L'illustre écrivain, sortant de sa haute philosophie, lui répondit par un autre acrostiche, que voici :

    M alheur à l'écrivain qui poursuit l'acrostiche!
    A pollon ne veut pas que ses chers nourrissons,
    R uminant sans honneur une rime postiche,
    C ourent avec effort après quelque hémistiche,
    E t dans ce froid labeur négligent ses leçons.
    L e dieu du goût, ami, te donna le génie,
    L e sentiment du beau, la grâce, l'harmonie.
    U se de ses faveurs, mais n'en abuse pas;
    S ois Rousseau, sois Horace, et non pas Du Bartas.

ADAM

On a fait à Adam Billaud, plus connu sous le nom de maître Adam, menuisier à Nevers, mort en 1662, que quelques poésies légères ont rendu célèbre, le petit compliment que voici :

> Ornement du siècle où nous sommes,
> Je ne dis rien de vous, sinon
> Que pour les vers et pour le nom
> Vous êtes le premier des hommes.

On appelait aussi maître Adam, *le Virgile au rabot.* Il y avait de son temps, un pâtissier poète, qui enveloppait ses biscuits de ses vers. Ce pâtissier disait que si maître Adam travaillait avec plus de bruit, pour lui il travaillait avec plus de feu.

Un avocat de Toulouse, nommé Adam, faisait les harangues que devait prononcer un président. Cet avocat fut obligé de faire un voyage à Paris. Pendant son absence le président eut une harangue à faire, qu'il composa le mieux qu'il put ; comme il la prononçait, un conseiller, qui le vit embarrassé, cita ces paroles de la Genèse : *Adam, ubi es ?* Où êtes-vous, Adam ?

ADORÉS

En quoi les doreurs sont-ils les plus fortunés des humains ?

A cette question, lady Stanhope répondit : — Parce qu'ils sont toujours *à dorer.*

ADMIRATION

On demandait à des soldats en campagne si on pouvait compter sur eux et quel était le thermomètre de leur enthousiasme : L'un d'eux répondit : — Nous en sommes à *la demi-ration*.

ADRESSE

Un partageux disait en 1848 : J'ai envoyé une adresse à Caussidière pour l'engager à faire usage de la mienne. — Dans quel emploi ? — Dans la police politique. — Je lui donnerai les adresses de tous les aristos. — Ton adresse n'est pas grande. Il fallait t'adresser à Sobrier.

AFFAIRES

Un homme, souvent gêné, habitait l'entre-sol d'une maison dont le rez-de-chaussée était occupé par un commissionnaire du Mont-de-Piété. Il y déposait de temps en temps ses effets, et disait alors qu'il était au-dessus de ses affaires.

Un laboureur demandait un maréchal ferrant. Sa femme répondit qu'il était à ferrer. — Affairé, dit le bon homme, à quoi donc ? — A ferrer les chevaux.

Un fermier général qui, sous l'ancien régime, s'était enrichi trop vite, fut chassé de sa place. — On a tort de me destituer, dit-il : j'ai fait mes affaires, j'allais faire celles de l'État.

AGITATION

En 1793, M. Monchenut fut arrêté, dans le faubourg Saint-Honoré, comme agitateur. — Il avait quatre-vingts ans. — Hélas ! dit-il, je ne puis m'agiter moi-même. — Ce mot le fit relâcher.

AIMER

S'écrit avec deux lettres : ME.

AINÉ

Quel est de tous les animaux le plus respectable ? — C'est le mouton, parce qu'il est lainé.

Pourquoi l'aîné d'une famille n'est-il pas ordinairement beau ? — Parce qu'il est laid-né.

Le mot aîné s'écrit avec deux lettres dans les rébus : NE.

AIR

Un acteur d'opéra-comique, qui n'avait à paraître que dans le dialogue, disait : — C'est singulier, je suis là entre deux airs. — Tu t'enrhumeras, lui dit-on.

Dans un moment où l'on venait de siffler une pièce intitulée la pièce sans A, Brunet demandait à l'auteur de lui faire un vaudeville sans R.

On faisait remarquer à une dame que ses enfants avaient l'air tristes et malheureux : « C'est bien vrai, répondit-elle ; je les fouette toute la journée pour leur faire perdre cet air-là, et je ne puis pas y parvenir. »

Deux campagnards se rencontrant dans la rue, l'un dit à l'autre qu'il venait d'apercevoir un vent. — Comment ! apercevoir un vent ? — Oui, je l'ai vu, te dis-je. — Et quel air avait-il ? — Il avait l'air de vouloir abattre la cheminée.

AIRAIN

Un auteur médiocre et brutal, après avoir donné des coups de bâton à un critique qui l'avait maltraité, disait : — Il m'a attaqué sur le papier, je lui ai répondu sur *les reins*.

AIR ÉLÉGANT

On a *l'air et les gants*, lorsqu'on porte des gants troués.

ALITÉ

Un malade étendu sur sa couche disait qu'on négligeait un peu trop son *individualité*.

ALLER

On demandait à Fontenelle mourant : — Comment cela va-t-il ? — Cela ne va pas, répondit-il, cela s'en va.

Le père Bonhours, célèbre grammairien, comme on sait, fut attaqué d'une maladie violente qui l'emporta en peu de jours. Se trouvant à l'extrémité, il dit aux assistants : « Je vas ou je vais bientôt mourir, l'un et l'autre se dit ou se disent. »

ALLIÉS

Pendant une alliance de l'Angleterre et de l'Autriche, on accola deux A dans un cartel, en manière de rébus, qui signifiait les A liés.

ALLUSION

Un général, qui avait été battu en Allemagne et en Italie, aperçut un jour, au-dessus de sa porte, un tambour qu'on y avait peint, avec cette devise : « On me bat des deux côtés. »

ALTÉRÉE

Ma santé est bien altérée, disait un vieux viveur. — Quelqu'un lui répondit : — Faites-la boire.

ALTESSE

« Je me suis trouvé, disait un quaker, avec une excellence et une altesse. On ne saurait être plus bête que son excellence, et son altesse n'avait pas quatre pieds huit pouces. »

AMENDE

Un homme, condamné à une amende qu'il croyait injuste, disait : — C'est une amende amère !

Un autre, obligé à réparer un scandale, s'écriait : — Voilà une amende honorable qui ne m'honorera guère

AMER

Quel est le fleuve le plus éloigné de la mer ? — C'est le Doubs.

AMIS

On parlait de la rareté des amis et du peu de fond qu'on peut faire sur ceux qui usurpent ce titre. — Comment ! dit un interlocuteur bienveillant, n'avez-vous pas tous, dans votre cuisine, un petit tamis dont vous êtes sûr ?

Madame de Sévigné appelait les amis de ses amis, et qui n'étaient pour elle à proprement parler que des connaissances, des amis par réverbération.

Un gentilhomme de Morges, passant devant la poste aux lettres de ce pays, appela le directeur, et lui dit, d'un ton impoli : « L'ami, n'y a-t-il rien pour moi ?

— Non, l'ami, il n'y a rien pour toi.

— Et depuis quand, s'il vous plaît, ce ton de familiarité ?

— Depuis que nous sommes amis. »

Non-seulement nous avons des amis en foule et

nous en trouvons partout, mais il n'y a pas même de nom plus prodigué, plus prostitué que celui d'ami : il devient souvent dans notre langue un terme de familiarité ou de mépris.

— Mon ami, dit-on à un postillon, je te donne un écu si tu me mènes en une heure à Versailles.

— Mon ami, dit un passant à un polisson, vous irez au corps de garde si vous faites du train.

— Mon ami, dit un juge à un fripon, vous êtes acquitté cette fois faute de preuves : mais si vous continuez, vous serez pendu.

N'entendez-vous pas souvent un homme, pour affirmer une nouvelle, dire : « Je la tiens d'un de mes amis, *que je connais beaucoup.* »

Un jour, au Palais-Royal, le chevalier de C*** avait gagné 1,500 louis qu'il tenait dans un chapeau. Quelqu'un s'approche et lui dit : « Mon cher ami, de grâce prêtez-moi 100 louis. — Je le veux bien, mon cher ami, répondit le chevalier, pourvu que vous me disiez comment je m'appelle. » L'autre demeurant sans réponse à cette question : « Vous voyez bien, mon cher ami, reprit le chevalier, que vous seriez trop embarrassé pour trouver le moyen de me rendre ces 100 louis, si je vous les prêtais. »

AMPHIGOURI

En voici un modèle en vers :

Un jour qu'il faisait nuit, je dormais éveillé,
Tout debout dans mon lit, sans avoir sommeillé,
Les yeux fermés, je vis le tonnerre en silence
Par des éclairs obscurs annoncer sa présence.
Tout s'enfuit, nul ne bouge, et ce muet fracas
Me fit voir en dormant que je ne dormais pas.

En prose, on cite celui-ci d'un jeune paysan :

« Il en avait de beaux, mon grand'père, des couteaux, quand il vivait, dans une gaîne, Dieu veuille avoir son âme, pendue à sa ceinture. »

AMUSER

Le fils d'un paysan, qui se mourait, alla chercher son curé pour l'assister; il était une heure du matin. Le pauvre garçon resta deux grandes heures à la porte, l'appelant tout doucement, de peur de l'éveiller brusquement.

Quand le curé se leva et qu'il apprit la chose :
— Mais, mon enfant, lui dit-il, votre père à présent sera mort.— Oh! non, monsieur le curé, Pierrot, notre voisin, m'a promis qu'il l'amuserait jusqu'à votre arrivée.

ANE

Il y a eu, à Paris, sous le premier empire, une société littéraire qui s'intitulait la Société des ânes. Chaque membre était *membrâne*. Un épicier était l'âne à gramme, un bourgeois dont la femme s'appelait Lise, l'âne à Lise; un professeur l'âne à thème, un compilateur l'analecte, un rhétheur l'âne à logique, un médecin l'âne à peste, etc.

Ces messieurs tenaient leurs séances à Montmartre.

Un jour, au commencement du consulat, quatre officiers généraux occupaient une loge à l'Opéra. C'étaient Bonaparte, Kilmène, Le Meunier et Lannes, depuis duc de Montebello. Un curieux demandait qui étaient ces messieurs, à son voisin qui lui répondit : « Lannes, Le Meunier, Kilmène et Bonaparte. »

Napoléon avait un faible pour les calembours. Il

lui vint un jour une députation nombreuse de la ville de Sézane, qui demandait un sous-préfet. Quand on la lui annonça, il répondit de sorte qu'on entendit : « Laissez entrer ces ânes. »

On sait qu'en organisant l'empire il nomma gouverneur des pages le général Gardane.

Beffroy de Reigny a publié la chanson suivante, adressée à sa sœur Anne pour sa fête. Elle se chante sur l'air des fraises :

> Je fus jadis moissonneur
> Au Parnasse, où je glane ;
> Y trouverai-je une fleur
> Pour en parer de bon cœur
>   Une Anne ?   (ter.)
>
> Dis-moi pour quelle raison,
> Ma sœur, tu me condamnes,
> A cause de ton prénom,
> A devenir l'Apollon
>   Des Annes ?   (ter.)
>
> Il est vrai qu'en ce pays,
> Tout peuplé de profanes,
> J'ai vu cent paniers fleuris,
> Et j'ai dit : Oh ! dans Paris
>   Que d'Annes !   (ter.)
>
> Mais toi, voulant prévenir
> Les mauvaises chicanes,
> Tu pris ce nom à plaisir
> Pour nous forcer à chérir
>   Les Annes.   (ter.)

ÂNERIES SIMULÉES

Il y a longtemps que je cherchais à m'expliquer pourquoi on met plutôt un coq qu'une poule au haut d'un clocher et je crois l'avoir trouvé, disait un bedeau farceur ; c'est que si l'on y mettait une poule et qu'elle vînt à pondre, les œufs se casseraient peut-être.

ANONS

On dénonça, en 1790, le couvent de la place Maubert comme détenant cinq canons et vingt-cinq armes. Une perquisition fut décretée ; et on trouva dans la maison *vingt-cinq carmes* et *cinq ânons*.

ANNÉE

Des Limousins fort simples, et qui croyaient que rien n'était impossible au Saint-Siége, demandaient à un pape, qui était de leur nation, qu'il leur accordât deux récoltes de blé dans une année. — Je le veux bien, répondit le pape, et de plus vos années auront dorénavant vingt-quatre mois.

AOUT

Un prince allemand croyait qu'Augustus ne se traduisait jamais en français que par Août. En conséquence, quand il parlait dans notre langue du roi de Pologne Auguste, il ne l'appelait jamais que le roi Août.

APPARTEMENT

Si vous voulez avoir chaud à peu de frais, en hiver, dans votre appartement, achetez une statuette en plâtre du premier consul Bonaparte ; cassez-lui un bras, et vous aurez *un Bonaparte manchot*.

APPELER

Un Européen se promenant sur les bords du Mississipi qui, comme on sait, est très-rapide, demanda à un passant comment on appelait ce fleuve. — Ma foi, Monsieur, lui répondit le rustre, il n'y a pas besoin de l'appeler, il vient déjà assez vite.

APPÉTIT

Un muet qui mourait de faim exprimait sa détresse par deux lettres, un *G* grand et un *a* petit.

APPLICATION

On a appliqué aux médecins ce passage de l'Écriture sainte : *Non mortui laudabunt te.* Les morts ne chanteront pas vos louanges.

APPRÉCIATION

Farinelli de musicien était devenu favori du roi d'Espagne Ferdinand VI, fils de Philippe V. Cafarelli, autre musicien, disait « que Farinelli était ministre et le méritait bien, car il était la plus belle voix de l'univers. »

AQUEUX

Dans le temps du choléra, on défendait les légumes aqueux. — Nous mangeons pourtant de l'oseille, dit une dame. Mais ça a des queues si petites !

ARAIGNÉE

A cet hémistiche du *Siége de Paris*, tragédie de M. le vicomte d'Arlincourt :

> On m'appelle *à régner*...

Une voix du parterre cria : « C'est un vilain nom. »

ARGOT

Chaque profession a son argot et chaque métier son vocabulaire. Le transport de cette langue spéciale hors de sa sphère produit un singulier effet.

Quinault était fils d'un boulanger; ce qui a donné lieu à cette tirade de Furetière, qui ne l'aimait pas : « Quinault est la meilleure pâte d'homme que Dieu ait jamais faite; il oublie généreusement les outrages qu'il a soufferts de ses ennemis, et il ne lui en reste aucun levain sur le cœur. Il a eu quatre ou cinq cents mots de la langue, pour son partage, qu'il blute, qu'il sasse et ressasse, et qu'il pétrit le mieux qu'il peut. »

ARLEQUIN

Le célèbre médecin Silva, mort à Paris en 1742, fut appelé près d'un malade consumé d'une bile noire. « Je vous conseille, Monsieur, lui dit-il, d'aller voir Arlequin; c'est le meilleur moyen de dissiper votre bile. » Malheureusement le malade était le seul homme peut-être qui ne pouvait user du remède. C'était Arlequin lui-même.

ARRÊTÉ

Un jour d'hiver, en 1856, un voyageur attardé arriva de nuit dans une auberge de Privas. L'hôte, qui le connaissait, lui ayant demandé comment il se faisait qu'il arrivât si tard, il répondit qu'il avait été arrêté en traversant les montagnes de l'Ardèche. Là-dessus, il soupa, se coucha et défendit qu'on le réveillât sous aucun prétexte, parce qu'il était fatigué et voulait dormir.

Cependant, le bruit de son aventure se répandit dans le voisinage : on s'effraya de savoir que les voyageurs pouvaient être arrêtés si près de la ville; la gendarmerie prit les armes, et alla en patrouille sur la route qu'avait suivie le voyageur.

La nuit s'écoula en recherches inutiles; on ne trouva pas le moindre brigand. Le lendemain, comme le voyageur arrêté se chauffait tranquillement au coin du feu de l'auberge, le brigadier de gendarmerie entra :

— Monsieur, lui dit-il, combien étaient-ils?
— Qui?
— Ceux qui vous ont demandé la bourse ou la vie.
— Personne ne m'a demandé la bourse ou la vie.
— Quoi! vous ne vous êtes donc pas plaint d'avoir été arrêté dans la journée d'hier?
— J'ai été arrêté en effet.
— Par des voleurs?
— Non, par un ruisseau débordé qui m'a forcé de faire un très-long détour.
— Monsieur, il fallait le dire.
— Il fallait me le demander.

ARROGANCE

On en accuse les passementiers. Mais s'ils mettent de *l'art aux ganses*, c'est qu'il le faut.

ART

Comment les voleurs et les guerriers sont ils dans la classe des artistes? — C'est que les premiers cultivent *l'art goth* et les seconds *l'art mûr*.

ASNIÈRES

Dans tous les recueils facétieux on ne manque pas

de citer les expressions singulières et les naïvetés d'un personnage probablement composite qu'on appelle le baron d'Asnières. Nous ne pouvons nous dispenser de rapporter ici ce qu'elles ont de plus saillant.

Il demandait un jour à un jeune homme quel était le plus âgé de son aîné ou de lui.

Un de ses fermiers se plaignait de ce que les taupes lui gâtaient un beau pré. — Vous êtes bien embarrassé, répondit-il; faites-le paver.

En voyage, il fut obligé de s'arrêter dans une auberge pour y coucher. On lui donne une chambre dont les cloisons étaient presque entr'ouvertes : il s'en plaignit à l'hôtesse. — Cela est détestable, dit-il, votre chambre est la plus mauvaise du monde; on y voit le jour toute la nuit.

Un jour il se coupa le doigt, et s'écria : — On me l'avait bien dit que ce couteau coupait tout ce qu'il voyait !

On lui contait d'un savant qu'il possédait huit langues.— Celui-là, répondit-il, doit parler beaucoup.

Il demanda un jour si les chiens du roi allaient à pied à la chasse.

Dans une société il entend annoncer qu'il était arrivé deux vaisseaux chargés de Terre-Neuve : il demanda si la vieille n'était pas aussi bonne

Une dame, près d'un feu clair, racontait une histoire. Une étincelle vola sur sa robe, et elle ne s'en aperçut que lorsque le feu eut fait des progrès. — Je le voyais, Madame, dit-il, mais je ne voulais pas avoir l'impolitesse d'interrompre votre récit.

Quelqu'un lui contant qu'il avait dîné avec un poëte qui l'avait régalé au dessert d'une excellente épigramme, il fit venir son cuisinier et lui dit en colère:

— D'où vient que tu ne m'as pas encore servi une épigramme?

Quelqu'un lui ayant annoncé qu'un de ses amis était mort, il répondit : — Je n'en crois rien, car si cela était, il me l'aurait écrit.

Il dînait, un jour de carême, chez un de ses amis. On servit des harengs saurs. Il les trouva si bons, qu'il demanda où il pourrait en avoir pour peupler ses étangs.

ASSONANCES

On en faisait assez du temps de Louis XVI. M. Gozlan en a fait d'agréables. En voici un exemple emprunté à l'un des spirituels écrivains de la *Gazette des Tribunaux* :

La femme Dagobert a mis son bonnet à l'envers. Un vieux châle vert, placé de travers, un jupon presque blanc composent son accoutrement. Le président lui dit :

— Avant-hier, quelqu'un vous vit, marché des Innocents, demander l'aumône aux passants.

— Mais...

— C'est un délit; la loi l'interdit.

— Alors que la loi me donne de quoi ! Mon cœur reconnaissant bénira le gouvernement.

— Avez-vous des enfants ?

— J'en ai zévu trois dans le temps.

— Où sont-ils ?

— Mais ils sont où tous les défunts s'en vont.

— Et votre mari ?

— Le pauvre homme aussi. Je n'ai pour soutien que la charité des chrétiens.

Chacun plaint de concert la pauvre femme Dagobert, et le tribunal du Code pénal usant sagement dans son jugement, applique seulement quatre jours d'emprisonnement.

Il est près de Paris, dans la ville de Saint-Denis, un lieu destiné à tous les infortunés. Après sa prison, dans cette maison, la vieille aura gratis un lit, la soupe et du pain bis.

ATHÉE

Un traité des preuves de l'existence de Dieu a paru en 1845, avec la signature A T.

ATOUT

Quand faut-il jouer pour être heureux aux cartes ?
— Quand on est enrhumé, parce qu'on a toujours de la toux.

ATTRAPER

Savez-vous, dit Dasnières, une bonne manière d'attraper les pies ?
— Il y a plus d'une manière de les attraper : les lacets, la glue, les appâts ; que sais-je encore !
— Vieux moyens ; voici ma méthode : je mets un fromage dans mon jardin, un fromage à la pie. L'oiseau vient et mange le fromage. Le lendemain, nouveau fromage, nouveau régal. La pie s'y habitue. Le troisième jour, je ne mets rien ; la pie vient, croyant trouver un fromage : votre serviteur ! Elle est attrapée.

AUDITEUR

Un benêt, qui avait acheté une charge d'auditeur à la cour des comptes, étant au sermon, se levait et faisait une inclination toutes les fois que le prédicateur disait : Mon cher auditeur.

AUTOMATE

Un plaisant disait que sa cuisinière était aussi habile que Vaucanson, puisqu'elle faisait des canards aux tomates.

AVALER

Un médecin, ayant écrit une ordonnance, la donna au malade en disant : — Voilà ce que vous avalerez, demain matin.

Le malade prit le papier du médecin, l'avala, et guérit.

AVENT

Quel est le jour de l'année qui n'en suit pas un autre ? — L'Avent.

AVEUGLE

Il y a quelques mois, la princesse Mathilde avait commandé son portrait à l'un de nos peintres les plus distingués.

Heureuse d'échapper, pendant quelques instants, au cérémonial et à l'étiquette, joyeuse de pouvoir se promener librement, comme une simple jolie femme, dans les environs des Tuileries, la princesse se rendait chaque matin, à pied, dans l'atelier de l'artiste privilégié. Un jour en traversant le pont des Arts, elle entendit une voix lamentable qui criait :

— Ma belle dame charitable, ayez pitié d'un pauvre aveugle, s'il vous plaît.

Un pauvre diable assis sur un banc du pont, tenant entre ses jambes un chien qui tendait une sébile, implorait la charité publique. La princesse jeta dans la sébile une pièce blanche et passa. Le lendemain matin, même don ; — pendant plusieurs jours, même jeu. Mais un matin, la princesse distraite oubliait en passant de faire son aumône, lorsqu'une voix connue lui dit : — Eh quoi ! madame la princesse oublie aujourd'hui son pauvre aveugle !...

La princesse étonnée s'arrête et interroge le mendiant, qui se tenait debout en la regardant respectueusement. — Vous me connaissez donc, mon brave homme ? — Ah ! oui, Madame, vous donnez la pièce chaque matin. Et quand on vous a vue une fois, vous êtes si belle qu'on ne vous oublie pas. — Mais comment pouvez-vous le savoir, puisque vous êtes aveugle ? — Oh ! madame la princesse, ce n'est pas moi qui suis aveugle ! C'est mon pauvre chien... Je dis : Donnez pour le pauvre aveugle !...

On demandait à Aristote pourquoi on avait tant d'amour pour la beauté ; il répondit : Voilà la question d'un aveugle.

AVIS

Odry fut arrêté un soir, rue de Richelieu, devant la Bibliothèque impériale. — La bourse ou la vie ! lui demanda le voleur. — Sans se déconcerter, Odry lui répondit : — La Bourse, au bout de la première rue à droite. Quant à l'avis, le meilleur que je puisse vous donner, c'est de prendre un métier moins couru.

AVOIR

Un homme d'esprit disait en 1848 : — Depuis cinquante ans la France fait, défait, refait et redéfait.
Jusqu'à présent nous n'avons pas encore la République, c'est la République qui nous a.

A VUE

Un fripon se tira des instances qu'on lui faisait pour payer une dette dont il ne s'occupait pas, en donnant à son créancier une traite à vue sur un de ses amis qui le valait. — Or cet ami était aveugle. Quand on lui présenta la traite : — Elle est à vue ? dit-il ; si vous voulez que je la paie, faites-moi voir.

B

BADAUD

L'expression de badaud qu'on applique aux Parisiens comme une injure, vient, dit-on, d'un mot celtique qui signifie batelier, parce que les Parisiens faisaient autrefois un grand commerce par eau. La ville de Paris porte même un navire pour armoiries.

Journel, qui était l'imprimeur de Ménage, ne voulait pas imprimer ce que l'auteur avait écrit sur la badauderie des Parisiens, ce qui inspira à Ménage ces quatre vers :

> De peur d'offenser sa patrie,
> Journel, mon imprimeur, digne enfant de Paris,
> Ne veut rien imprimer sur la badauderie.
> Journel est bien de son pays.

BAL

Un fournisseur envoyant des caisses de schakos à l'armée, disait : — Voilà des coiffures qui vont aux balles.

BANQUEROUTE

Le nègre du bailli J***, entendant dire à la table de son maître que quand on faisait banqueroute, on ne donnait tout au plus que la moitié de ce qu'on devait, résolut d'en faire son profit; il vola toute la vaisselle, qui était considérable, et la renferma dans un coffre qu'il descendit dans un vieux puits où il n'y avait pas d'eau. On chercha longtemps et l'argenterie et le nègre ; enfin on le découvrit au fond du puits, assis sur le coffre. — Que fais-tu là avec ma vaisselle? lui demanda son maître. — Monsieur, je fais banqueroute, moitié pour vous, moitié pour moi.

BARBARISME

On demandait à une dame comment elle se portait. — Oh! répondit-elle, je souffre beaucoup d'un rhumatisse. — En ce cas-là, Madame, lui dit-on, faites beaucoup d'exercisme.

BAS

On dit que les bonnetiers doivent être discrets, parce qu'ils ont coutume de parler bas.

BAS LONGS

On demandait à quelqu'un à quoi servaient les ballons. Il entendit mal et répondit : — A chausser les grandes jambes.

BASSE-COUR

Sur le costume prescrit aux magistrats en 1790, on fit l'épigramme suivante :

> Au lieu de robe et de simarre,
> Accoutrement lourd et bizarre,

Dont s'affublaient nos anciens sénateurs,
Un décret veut que les nouveaux jugeurs,
En manteaux courts, en pourpoints lestes,
Au métier de Cujas soient plus prompts et plus prestes.
Puis supprimant encore et bonnets et mortiers,
Attributs surannés des Molés, des Séguiers,
L'ordonnance prescrit pour moderne costume
Que ces dandins auront à la toque une plume.
Tels emplumés, je crois, pourront avoir un jour,
Aux yeux de bien des gens, un air de basse-cour.

BATISTE

On donnait un jour au Théâtre-Français une pièce où jouait la famille Batiste. Un provincial s'informait des noms des acteurs : — Eh ! quel est celui-là ? — Batiste aîné, lui répondit-on. — Et celui-là ? — Batiste cadet. — Et celui-là ? — Batiste jeune. — Et cette actrice ? — C'est Mme Batiste mère. — Et celle-ci ? — C'est Mme Batiste bru. Ah mon Dieu ! s'écria le provincial, c'est donc là une pièce de batiste.

BATTERIE

Le marquis de Bièvre regardait deux marmitons qui se boxaient, et quelqu'un lui ayant demandé ce que c'était que ce bruit : — Ce n'est rien, répondit-il, c'est une batterie de cuisine.

BAVAROISE

Quand le prince Eugène de Beauharnais obtint la main d'une princesse de Bavière, un soldat disait : — C'est un bel homme et un grand cœur. C'est dommage qu'il n'ait plus de dents. — Bah ! dit un autre, on n'a pas besoin de dents pour prendre une bavaroise.

BAZIRE ET CHABOT

Relation d'une aventure de 1791 :

> Un jour, chez un bourgeois, Bazire
> S'en fut dîner avec Chabot.
> Chabot recommandait Bazire,
> Bazire patronait Chabot :
> On reçut assez bien Bazire ;
> Mais on lui préféra Chabot.
> Si bien que le brillant Bazire
> Arracha la barbe à Chabot.
> Et la crinière de Bazire
> Resta dans les mains de Chabot.
> Les coups de poing du sieur Bazire
> N'empêchaient pas ceux de Chabot.
> Pour séparer le doux Bazire
> D'avec le vertueux Chabot,
> Le maître du lieu prit Bazire,
> Ses gens empoignèrent Chabot ;
> Par la rampe on jeta Bazire
> Et par la fenêtre Chabot.
> Depuis ce temps, Monsieur Bazire
> Dit du mal de Monsieur Chabot ;
> A son tour de Monsieur Bazire
> Médit l'ex-capucin Chabot.
> Mais en voyant Monsieur Bazire,
> Ainsi que son ami Chabot,
> On dit que Chabot vaut Bazire
> Et que Bazire vaut Chabot.

BEAU

Les paysans futés aiment à faire ce compliment : Vous êtes *beau* dès le matin, *beau su'* le midi, *encore beau* le soir.

Le gendre d'un de nos représentants de 1848, que

nous ne voulons pas chagriner en le nommant, disait : — J'ai une belle-mère qui n'est pas belle et un beau-père qui est bien laid.

BELLE LUNE

Le maréchal Victor avait débuté en simple soldat dans la carrière qu'il a illustrée ; et lorsqu'il fit ses premières campagnes, ses camarades ne le connaissaient que sous le sobriquet de Beausoleil. Quand l'empereur Napoléon l'eut nommé maréchal de l'Empire, il l'appela et lui dit : — Beausoleil, je te fais duc de Bellune.

BÉTANCOUR

M. de Bétancour, qui logeait près du Louvre, avait beaucoup à se plaindre des blanchisseuses voisines qui, avec leurs battoirs sans cesse en mouvement, l'empêchaient de dormir. Une fois, outré de colère, il s'écria : — Si je ne me retenais pas, j'irais mettre le feu à la rivière.

Un jour, voyant un homme qui louchait en lisant : — Cet homme-là, dit-il, doit être doublement savant, car il lit deux pages à la fois.

Il tomba malade ; son médecin lui ayant demandé s'il n'avait rien pris dans la journée : — Pardon, répondit-il, j'ai pris ce matin une puce.

BEETHOVEN

Pourquoi les sangsues passent-elles pour musiciennes ? — Parce qu'elles font des ouvertures de *bête aux veines*.

BÊTISES

On ferait sous ce titre bien des volumes. Une des plus grosses, dans le bêtisiana moderne, est le compliment que Victor Hugo fit tout haut à Louis-Philippe, dans une réception officielle : — Sire, Dieu a besoin de vous...

> On vient de perdre un jeune chien
> Lequel n'avait ni queue ni tête.
> Ceux qui l'ont trouvé n'auront rien.
> C'est une récompense honnête,
> Sans queue aussi bien que sans tête.

BIEN FAIT

Un prédicateur disait en chaire que tout ce que Dieu a fait est bien fait. — Voilà, pensa un bossu, une parole hasardée. Il attend le prédicateur à la porte de l'église, et lui dit : — Mon père, vous avez prêché que Dieu a bien fait toutes choses. Voyez donc comme je suis bâti! — Mais, mon ami, répond le prédicateur, vous êtes bien fait pour un bossu.

BIÈRE

De vieux littérateurs de l'Empire ont appelé le cercueil de Napoléon *la bière de Mars*.

Un brasseur parisien, du temps du calendrier républicain, appelait sa bière de Mars *bière de Germinal*.

On afficha en 1793 la tragédie de *Jean-sans-Terre*: quelques patriotes du faubourg Saint-Antoine, croyant qu'on voulait jouer le général Sans-Terre, qui était brasseur, arrachèrent toutes les affiches et se portèrent en masse au théâtre de la République. On parvint à les apaiser en leur donnant les premières places; mais l'on ne put en être maître, lorsque Sans-Terre dit au tyran :

<small>Tu crois m'intimider en découvrant ma bière.</small>

— Je l'avais bien dit! s'écria un d'entre eux. A bas!... à bas!... à bas les muscadins!... (On baissa la toile.)

M. de Bièvre, voyant des hommes qui suaient pour mettre au cercueil un homme dont on avait mal pris la mesure, leur dit : — C'est en *vain* que vous vous mettrez *en eau* pour le mettre *en bière*.

BIÈVRE

A propos de M. de Bièvre, qui a fait tant de calembours, un amateur demandait quelle différence il y avait entre M. de Bièvre et une épingle. On ne devinait pas. — C'est, dit-il, qu'une épingle a une tête et une pointe, tandis que M. de Bièvre a beaucoup de pointes, mais pas de tête.

Le marquis de Bièvre n'est mort qu'en 1789, époque où le calembour allait faire place à des jeux plus sinistres. Il a publié quelques petits ouvrages assez rares : l'*Ange Lure*, la *Fée Lure*, la lettre à la comtesse Tation, par le sieur (scieur) de Bois-Flotté, étudiant en droit-fil, l'*Almanach des calembours*, et quelques autres plaisanteries.

Si le marquis de Bièvre a introduit chez nous la manie des calembours, il a quelquefois fourni des armes contre lui-même. Il était fils du chirurgien du roi, nommé Maréchal. Dédaignant le nom de son père, il acheta la terre de Bièvre. Un de ses amis, qui l'entendait annoncer sous ce titre, lui dit : — Mais, mon ami, tu as mal fait de ne prendre que le titre de marquis; il t'en aurait moins coûté de te faire appeler le maréchal de Bièvre.

BIGOT

Napoléon, qui aimait les jeux de mots, fut charmé de nommer ministre des cultes M. Bigot, qui signait : Bigot de Préameneu.

BLANC

Un procureur avait promis à un homme, accusé d'un crime de faux, que, par ses soins, il sortirait de cette affaire blanc comme neige. L'accusé, flatté de cette espérance, donnait au procureur tout l'argent qu'il lui demandait. Cependant, il succomba et fut condamné à faire amende honorable en chemise. Il dit alors au procureur :

— Vous m'avez trompé par vos promesses.

— Comment donc ! répondit le procureur ; je vous tiens parole : vous voilà en chemise ; n'est-ce pas sortir de là blanc comme neige ?

BOILEAU

Le cardinal Janson disait à Boileau : — Pourquoi vous appelez-vous Boileau ? C'est un nom froid. J'aimerais mieux, à votre place, m'appeler Boivin. — Et vous, Monseigneur, répondit le poëte, pourquoi vous appelez-vous Janson ? c'est un nom sec. A votre place, j'aimerais mieux m'appeler Janfarine.

BOIS

Un gentilhomme breton disait au maréchal de La Meilleraye : — Si je ne suis pas maréchal, je suis du bois dont on les fait. — Aussi le deviendrez-vous, répondit La Meilleraye, quand on les fera de bois.

BOITER

Un homme qui venait d'acheter un cheval, à la vue, reconnut qu'il était boiteux et voulut résilier son marché. Mais le vendeur témoigna qu'il l'avait prévenu de ce défaut, en lui disant : — Il *boite* et mange bien.

BON

Les marguilliers d'une paroisse de Paris, ayant appelé un orfévre huguenot pour réparer une figure de saint Michel, l'orfévre, considérant cette figure, leur dit : — Messieurs, votre diable est fort bon, mais votre saint Michel ne vaut rien.

Bonnes gens font les bons pays ;
Bon cœur fait le bon caractère ;
Bons comptes font les bons amis ;
Bon fermier fait la bonne terre.
Bons livres font les bonnes mœurs,
Bons maîtres les bons serviteurs ;
Bons maris font les bonnes femmes,
Bonnes femmes les bons maris,
Bonnes actions les bonnes âmes,
Bons sentiments les bons esprits.
Le bon goût fait les bons écrits ;
Bonne foi les bonnes affaires,
Bonnes lois les bons citoyens ;
Bons fils encor font les bons pères,
Bonnes filles les bonnes mères.
Dieu, qui tout est bon, fait tous biens.

BONA

Après la mort du pape Clément IX, beaucoup de grands personnages désignaient pour son successeur le cardinal Bona, sur quoi se fit cette pasquinade que *Papa Bona* serait un solécisme. Le P. Daugières répondit par le jeu de mots suivant :

> Grammaticæ leges plerumque Ecclesia spernit :
> Fors erit ut liceat dicere Papa Bona.
> Vana solæcismi ne te conturbet imago,
> Esset Papa bonus, si Bona Papa foret.

BONHEUR

Le moyen d'être heureux en ménage, c'est de se marier au point du jour, parce qu'alors on est sûr d'avoir fait un mariage de bonne heure.

Une jeune fille, peu formée à l'orthographe, écrivait à son fiancé : — Venez de bonne heure, vous ferez le mien.

BONJOUR

M. Casimir Bonjour, candidat à l'Académie, se présente un jour pour faire sa visite à un des quarante. Une femme de chambre vient lui ouvrir la porte. — Votre nom, Monsieur ! dit-elle. Le candidat répond avec son plus gracieux sourire : — Bonjour. Flattée de cette politesse, la jeune fille répond : — Bonjour, Monsieur ; voulez-vous me dire votre nom ? — Je vous dis Bonjour. — Et moi aussi, bonjour, Monsieur ; qui faut-il que j'annonce ? — Eh Bonjour ! c'est mon nom. La camériste comprit alors qu'au lieu de dire :

Bonjour, Monsieur, il fallait dire : Monsieur Bonjour.

BONNET DE NUIT

— Quels sont les vins qu'il convient de boire avant de se coucher pour bien dormir ?

Les vins de *Beaune et de Nuits*.

BONS MOTS

Un meunier cheminait avec son âne. Un bel esprit le rencontre et se met à crier : « Où allez-vous donc vous deux ? — Chercher du foin pour nous trois, » répond le meunier.

Le président d'Ormesson, qui avait un nez énorme et des narines extrêmement larges, causait avec le marquis de Villette dans une embrasure et mettait beaucoup de chaleur dans cet entretien. Lorsque Villette se rapprocha du cercle, il dit à quelqu'un : — Quand cet homme me parle de près, j'ai toujours peur qu'il ne me renifle.

BONTÉ

M. de Kératry, qui avait assez de laideur, avec une belle âme, déjeunait habituellement dans un café, et son déjeuner consistait toujours en ce qu'on appelle une tasse de café à la crème. Pour lui seul, la dame du comptoir affectait de dire, en le désignant : — Garçon, versez du café au laid.

— Madame, lui dit un jour M. de Kératry, vous avez d'excellent café, mais vous n'avez assurément pas de *bon thé*.

BORGNE

Un borgne gageait contre un homme qui avait bonne vue, qu'il voyait plus que lui. Le pari est accepté. — J'ai gagné, dit le borgne, car je vous vois deux yeux, et vous ne m'en voyez qu'un. (Voyez *Yeux*.)

BOTTES SANS COUTURES

Dans quelques tombolas où se distribuent des lots plaisants, des amateurs ont gagné une paire de bottes sans coutures. C'étaient deux bottes d'oignons ou de navets.

BOUFFLERS

Quel est le poëte qui s'est nourri des aliments les plus légers ? — Boufflers.

BOUILLON

Un historien a dit que, dans les Croisades, Godefroi de Bouillon était le général le plus *consommé*.

BOURVALAIS

Ce financier, qui avait amassé des biens immenses dans les affaires, sous Louis XIV, ayant trouvé, dans un de ses étangs, un brochet d'un grosseur extraordinaire, en fit présent à M. le premier président de Harlay. Ce magistrat l'invita à en venir manger sa part. Comme tous les conviés admiraient l'énormité de ce poisson monstre : — Messieurs, leur dit le premier président, ne soyez pas surpris, c'est le bourvalais des étangs de monsieur.

BOUT

Comment faire pour ne pas se crotter dans les rues de Paris? — Il faut ne pas aller jusqu'aux boues.

BRUNET

Célébrité dans le bazar des calembours et des bêtises excentriques. Nous ne citerons que quelques-unes de ses expressions singulières :

« Il faisait un froid d'enfer, ce matin. J'en avais l'onglée au menton.

« Voilà un événement qui va leur tailler bien des croupions.

« Cet homme paraît plus vieux qu'il n'en a l'air. C'est peut-être son œil borgne qui en est cause.

« On dit que Paris va sauter. Je crois qu'il serait prudent de fermer les fenêtres.

« Le soleil coule pour tout le monde.

« Ce n'est pas de l'orient que vient cette étoffe de Perse; le marchand assure que c'est du levant.

« Si les écrevisses ne devenaient pas rouges en cuisant, il faudrait les changer de nom. — Pourquoi? — parce qu'on dit : Rouge comme une écrevisse.

C

CACOPHONIE

Un beau parleur, contant le naufrage d'un vaisseau, disait que le navire avait pris le mors aux dents.

Le même exprimait la marche rapide d'un ballon, en disant qu'il allait ventre à terre.

Il habitait Paris et se plaisait à dire qu'il y a de la rue de Tournon à la rue de Richelieu un grand laps de temps.

CALET

On demandait à un Parisien s'il connaissait le Pas-de-Calais. — Je les connais tous, répondit-il; il appliquait sa réponse aux pas du danseur Calet.

CAMARD

Un homme, dont le nez était fort camard, étant venu à éternuer devant un railleur, celui-ci le salua et ajouta : — Dieu vous conserve la vue. Celui qui venait d'éternuer, surpris de ce vœu, lui demanda pourquoi il le faisait. — Parce que, répondit le railleur, votre nez n'est pas propre à porter des lunettes.

CAMUS

Guy Patin, médecin célèbre, fit un procès à Renaudot, célébrité d'un autre genre, qui exerçait la médecine, à Paris, sans s'être fait agréer au corps des médecins de cette capitale. Renaudot fut condamné. — Vous avez perdu et gagné à la fois, lui dit Patin. — Comment gagné? répliqua Renaudot. — Mais vous êtes entré camus au palais, et vous en sortez avec un pied de nez.

CAMPENON

Lorsque Ducis mourut, MM. Michaud et Campenon se disputèrent son fauteuil à l'Académie française.

M. Campenon, prenant les devants, fit cette épigramme contre son concurrent :

> Au fauteuil de Ducis on a porté Michaud,
> Ma foi pour l'y placer il faut un ami chaud.

Michaud répliqua :

> Au fauteuil de Delisle aspire Campenon ;
> Son talent suffit-il pour qu'il s'y campe ? non.

CANCAN

Dans une société où l'on parlait du Général De Caen, une personne qui l'avait connu à l'époque où il n'était encore qu'aide de camp de son frère, raconta ce qui suit :

En se rendant à l'armée, De Caen fut arrêté par la gendarmerie. — Comment vous nommez-vous ? lui demanda le brigadier. — De Caen. — D'où êtes-vous ? — De Caen. — D'où venez-vous ? — De Caen. — Qui êtes-vous ? — Aide de camp. — De qui ? — Du général de Caen. — Où allez-vous ? — Au camp. — Assez de cancans comme cela, dit le gendarme, je vous arrête.

CARTE

C'est un mot qui a plusieurs sens, nous empruntons ce couplet à une chanson de M. Goulard :

> Le politique sur la carte
> Visite le lieu des combats ;
> Le gourmand consulte la carte,
> Pour faire choix d'un bon repas.
> Souvent le fou sur une carte
> Tout son argent voit emporté ;

Et plus tard, si je perds la carte,
Je perds aussi la liberté.

Les journaux racontaient, il y a trente ans, l'anecdote suivante à propos des cartes de visite. Un maître de maison était monté en équipage en compagnie de sa dame, lorsqu'il s'aperçoit qu'il a oublié ses cartes; il dit au laquais nouvellement à son service d'aller les prendre sur la cheminée de la salle à manger. Ce qui fut dit fut fait, et, fouette cocher, les visites vont bon train. Au bout d'un certain temps, le maître demande au groom s'il a encore beaucoup de cartes.

— Monsieur, répond celui-ci, il me reste encore le roi de pique, le dix de cœur et l'as de trèfle ! Le pauvre garçon avait pris les cartes à jouer au lieu des cartes de visite.

CARTERON

Un libraire de Lyon, nommé Carteron, avait pour enseigne une balance, avec des petits poids d'un côté et des livres de l'autre. Ces mots étaient au bas : « Les quarterons font les livres. »

CAUSES

Un particulier ayant dit à Garrick que l'avocat Barell avait laissé fort peu d'*effets* à sa mort : — Cela n'est pas étonnant, reprit ce comédien, il avait fort peu de *causes*.

CÉDEZ

S'écrit avec les deux lettres : C D.

CENSEURS

Pourquoi faut-il prendre garde à ce qu'on dit devant les fils uniques ?

— Parce qu'ils sont *sans sœurs.*

CENT ANS

Un farceur disait : — Celui qui arrivera à tuer le temps vivra sans temps.

CERCEAU

Dans les farces du théâtre italien, Arlequin disait à un autre qui le battait avec sa ceinture : — Tu te conduis comme un tonnelier ; tu me donnes des coups de *serre sot.*

CERVELLE

Deux Suisses, le sabre à la main, se battaient à outrance dans une place. Un paysan passe par là, et le cœur ému de compassion, s'efforce de les séparer ; mais le pauvre diable, pour toute récompense de son zèle, reçoit à la tête un coup de sabre qui le jette à la renverse. On appelle un chirurgien qui veut voir si la cervelle est atteinte. — Ah ! dit le paysan, je n'en avais point lorsque je me suis trouvé dans cette querelle.

Le jeu de mots qui suit est dans le même sens :

Au siége de Landrecies, en 1655, M. de La Feuillade fut blessé d'un coup de mousquet à la tête. Les chirurgiens dirent que la blessure était dangereuse et qu'on voyait la cervelle. — Eh bien ! Messieurs, dit La Feuillade, faites-moi le plaisir d'en prendre un peu tout proprement, et, que je vive ou que je meure, de l'envoyer au cardinal Mazarin, qui a coutume de répéter que je n'en ai pas.

CÉSAR

En Italie, comme on sait, les voiturins qui vous conduisent à Rome, vous mènent, vous nourrissent et vous couchent dans la route, moyennant un prix convenu. En France, dans de telles conditions, le voyageur qui fait sa convention avec le voiturin lui donnerait des arrhes. En Italie, au contraire, le voiturin donne des arrhes au voyageur pour se l'assurer. Les voiturins sont chers aux artistes et aux gens qui veulent voir. Un abbé, qui cherchait à gagner Rome en artiste, rentrait joyeusement auprès de ses amis. — Avez-vous trouvé? lui dit-on. — Oui, répondit-il; je suis engagé; et le voiturin m'a donné un napoléon pour *ses arrhes*.

CHACAL

« Un prêtre espagnol, rencontrant Thomas Campbell dont il avait fait la connaissance à la table du général Trézel : — Excusez-moi, lui dit-il, si je ne vous ai pas rendu visite hier; mais j'étais obligé d'assister à la mort d'un chacal.

— A merveille, mon père, répondit Campbell, et j'espère que vous vous êtes amusé!

— Comment, amusé? mais j'allais lui porter les tristes consolations de notre sainte religion!

— En vérité?

— En vérité! et je vous assure qu'il est mort en chrétien repentant, malgré la vie dissolue qu'il avait toujours menée.

— Vous aimez à plaisanter, mon père ! mais, parbleu, les chacals sont des chacals ! vous ne pouvez pas exiger d'une brute qu'elle règle ses passions comme un animal raisonnable. Il n'est pas plus possible au chacal d'imiter votre continence, qu'il ne l'eût été au compagnon de Saint-Antoine d'imiter la sobriété de son patron.

— Il était adonné à la boisson, et, voyant un autre chacal mettre de l'argent dans sa poche, il le tua pour s'en emparer et acheter de l'eau-de-vie.

— Que diable me racontez-vous là, mon saint père ! des chacals qui ont des poches, qui boivent de l'eau-de-vie, qui meurent en chrétiens ! Vous êtes en joyeuse humeur, *mio padre*. »

Ici mon Espagnol éclata de rire : « Quoi ! vous ne savez pas que tous les soldats d'infanterie légère ont reçu le sobriquet de chacal ? »

(Thomas Campbell, *Oran et ses environs*.)

CHAIR

M. Ch. Monselet, après avoir entendu M. Saisset, dans son cours de philosophie à la Sorbonne, se retira en disant : — L'esprit est fort, mais la *chaire* est faible.

CHALEUR

Bautru se promenait le chapeau à la main, par un soleil ardent, avec Gaston d'Orléans. Ce prince lui ayant dit qu'il aimait ses amis avec chaleur : — Ma tête s'en aperçoit, répondit Bautru.

CHANDELLE

Les habitants de... présentèrent une adresse pompeuse à Jacques Ier, successeur d'Élisabeth. Ils lui souhaitaient que son règne pût durer aussi longtemps que le soleil, la lune et les étoiles. Il leur répondit que « si leurs vœux étaient exaucés, son fils serait obligé de régner à la chandelle. »

CHANGER

Ce mot a plus d'un sens. Un acteur débutait au Théâtre-Français par le rôle de Mithridate, dans la tragédie de ce nom. Il n'était pas dépourvu de talent ; il avait même beaucoup d'intelligence et de feu ; mais son extérieur n'était rien moins qu'héroïque. Dans la scène où Monime dit à Mithridate :

Seigneur, vous changez de visage !

Un plaisant cria : Laissez-le faire.

CHANT

On dit que le rossignol ne chante plus lorsqu'il est en cage, parce qu'il a perdu la clef des champs.

CHARABIA

Tu sais bien, le voisin qui est si fier, hier il me visita, me fit politesse, et je le reconduisa. — Avec un I ? — Non, avec un bout de chandelle.

CHARMES

On devait manger un dinde aux truffes à une table où se trouvait Buffon. Avant le dîner, une vieille dame demande au Pline moderne où croissent les truffes :

— A vos pieds, Madame.

La vieille ne comprend pas. On lui explique que

c'est aux pieds des charmes; elle trouve charmant le compliment et le complimenteur.

Vers la fin du repas, quelqu'un fit la même question au savant naturaliste, qui, ne faisant pas attention que la dame d'avant-dîner se trouvait là, dit naturellement :

— Aux pieds des vieux charmes.

La dame qui l'entendit ne le trouva plus si charmant.

CHARRETTE

Un postulant au théâtre devait prononcer cet hémistiche d'un vers :

> Arrête lâche, arrête.

Il prononça si brièvement que tout le monde entendit :

> Arrête la charrette.

CHASLES

Tout en rendant justice à M. Chasles, les plaisants disent qu'on le porte sur les épaules.

CHAUDRON

Brunet disait que le vase qu'on appelle chaudron ne s'appelait ainsi que parce qu'il est chaud et rond.

CHEMIN DE LA PRISON

Un villageois demandait le chemin de Newgate (prison de Londres). Un plaisant qui l'entendit s'offrit de le lui montrer. — Traversez le ruisseau, lui dit-il, entrez chez le bijoutier en face, prenez deux gobelets d'argent; décampez avec, et dans cinq minutes vous y serez.

CHER

C'est un département où l'on ne peut pas vivre à bon marché.

CHEVAL

Apprenez-moi, disait un Gascon, où demeure, dans cette rue, monsieur Cheval. — Monsieur, lui dit un marchand, il n'y a point d'homme de ce nom dans cette rue ; mais vous êtes devant la porte de M. Poulain. — Eh ! c'est cela ; mais depuis dix ans que je ne l'ai vu, il a bien eu le temps de changer de nom, à moins qu'il ne fasse encore le jeune.

CHEVEUX

Ces jours derniers, un brave homme de la campagne fut élu maire dans sa commune.

Voulant, après l'élection, remercier ses futurs administrés du choix qu'ils avaient bien voulu faire de lui, il rassembla tout le village, et s'exprima ainsi :

« Mes amis, croyez que je n'oublierai jamais le jour où vous avez daigné mettre mes cheveux blancs à votre tête !... »

CHICOT

Deux faiseurs de calembours dînaient ensemble, à Paris, chez un restaurateur. A la fin du repas, l'un dit à l'autre : — Je te parie que je fais un calembour sur le premier mot que tu diras en sortant de table. — Je parie que non. — Je parie que si. — Le prix du dîner ? — Va pour le dîner.

Le parieur attend de pied ferme. L'autre cherche un mot sans équivoque ; il s'approche de la fenêtre et dit : — Il pleut. — Eh bien, chicot. — J'ai perdu.

Un étranger, témoin de cette scène, ne put comprendre le jeu de mots qu'après avoir cherché dans son dictionnaire; il y trouva la définition du mot chicot, *reste de dent*. « Ah! dit-il, — il pleut, reste dedans. — Voilà des gaillards bien spirituels. »

CHIEN

Un homme d'esprit vaniteux disait à un homme qui le regardait curieusement : — De quel droit me toisez-vous ainsi ? — Un chien regarde bien un évêque, répondit l'indiscret. A quoi l'homme d'esprit répliqua : — Qui vous a dit que j'étais un évêque?

Scarron, dans un recueil de ses poésies qu'il fit imprimer, ayant adressé un madrigal à la petite chienne de sa sœur, mit pour titre : « A la chienne de ma sœur. » Depuis, s'étant brouillé avec elle, il fit mettre dans l'errata de son livre : « *Au lieu de* à la chienne de ma sœur, *lisez* à ma chienne de sœur. »

CI-DEVANT

Un écrivain fit, en 1793, un livre qui parut sous le titre d'Observations sur la chaîne des ci-devant montagnes d'Auvergne.

Un nègre, ayant adressé alors une pétition à la Convention nationale, signa : « Ziméo, ci-devant nègre. »

CINQ

Saint Denis est le saint des Français; saint Georges est le saint des Anglais; celui des Genevois est le cinq pour cent. (A Genève le *q* ne se fait pas sentir.)

Cinq cordeliers, sains de corps et sains d'esprit,

étaient ceints d'une corde et portaient sur leur sein un petit saint, muni du seing du saint-père.

CINQ ANS

On disait à un bon homme qu'Abdel-Kader avait cinq camps lorsqu'on l'a pris. Ce bon homme s'écria : — Comment, ce fameux guerrier n'est qu'un enfant ?

CIVIL

Le général D.... parlait avec chaleur dans un cercle où se trouvait M. de Talleyrand, de diverses personnes qu'il qualifiait de pékins.

— S'il vous plaît, général, lui dit le prince, qu'appelez-vous pékins ?

— Nous autres, répond le général, nous appelons pékin tout ce qui n'est pas militaire.

— Ah! fort bien! répond M. de Talleyrand; tout comme nous, nous appelons militaire tout ce qui n'est pas civil.

CLAIR DE LUNE

Un jeune homme à qui on demandait quelle était sa position sociale répondit : — Mon père est notaire, et mon oncle aussi. Ils ont chacun une étude; je suis clerc de l'une.

CLEF

Le poëte Longchamps, devenu chambellan de Joachim Murat, roi de Naples, regrettait si fort la campagne, qu'il demanda sa retraite et vint finir ses jours à la campagne, près de Louviers. C'est à ce propos qu'il fit le couplet suivant :

> Adieu, donc, stérile étiquette,
> Adieu, petite vanité,

Graves riens, noble ennui, toilette,
Et grandes fêtes sans gaité.
Adieu, clef d'or qu'ont au derrière
Mes collègues les chambellans,
Pour vivre enfin à ma manière,
Ma foi, j'ai pris la clef des champs.

Combien les musiciens connaissent-ils de clefs? — Trois, la clef de *sol*, la clef de *fa* et la clef d'*ut*. — Il y en a une quatrième qu'ils connaissent aussi, c'est la clef de la cave.

CLOCHER

Dans un écrit que publia M. de Talleyrand, alors évêque d'Autun (1790), on prétendit qu'il n'y avait de lui que ce qui clochait. — On sait qu'il était boiteux.

COCHON

Napoléon fit un jeu de mots en nommant M. Cochon préfet de Bayonne, la ville aux jambons renommés. M. Cochon signait : Cochon de Lapparent.

COCO

Plusieurs Français, à Amsterdam, étaient réunis à une table d'hôte. Un Anglais s'y trouvait aussi. Il mangeait, mangeait, mangeait, avec une attention profonde. Déjà plusieurs fois un convive lui avait adressé ces mots : — Monsieur, auriez-vous la bonté de me passer ce plat d'épinards? Le sombre habitant des bords de la Tamise était incapable de la moindre distraction. Alors le Français dit à un de ses amis : — Passe-moi donc le plat d'épinards, car ce coco-là ne veut pas que j'en goûte. A ce mot, les yeux de l'Anglais quittent enfin son assiette, et se portent courroucés sur son interlocuteur; il se croit insulté. Un de ces rendez-vous qu'on appelle d'honneur va être pris. Mais l'Anglais se ravise; il ouvre son pocket-dictionnaire; ses yeux brillent. Il appelle un domestique, demande du champagne, et invite son adversaire à trinquer avec lui.

— Monsieur le Français, dit-il, je étais dans le déréglement (erreur). Vous faites politesse à moi. Vous appelez moi coco. Lisez : « Coco, fruit des Indes, doux et agréable. » Chacun partit d'un éclat de rire, et l'on but le champagne à la santé des deux nations.

CŒUR

Un banquier poursuivait de ses assiduités une jeune et riche héritière dont il sollicitait la main. Le jour de la Toussaint il se rendit à Saint-Roch, et là, placé à côté du bénitier, il attendait l'inhumaine, à laquelle il offrit de l'eau bénite, en lui disant tout bas : — Mademoiselle, que dois-je espérer? — Monsieur, lui répond la jeune personne, vous êtes dans mon esprit comme le bénitier dans l'église; près de la porte et loin du chœur.

COMBLÉ

Un très-gros homme, arrêté au bord d'un fossé, disait : — Je le sauterais bien, mais j'aurais peur de tomber dedans. — Monsieur, lui dit une dame, il serait comblé de vous recevoir.

COMMUN

Un jeune homme, voyant une belle dame qui avait une grande bouche, disait : — Quel dommage qu'une si belle femme ait la bouche commune! Son voisin lui répondit : — Si tu disais : comme deux !

COMPARAISON

L'existence est une pendule
Que par soi-même il faut guider.
Malheur à l'homme trop crédule
Qui la donne à raccommoder !
On croit qu'Esculape calcule,
Lorsqu'il s'agit d'y regarder,
Mais il l'avance sans scrupule
Ne pouvant pas la retarder !

Cette autre comparaison est de M. Boniface.

La chenille rampante,
Dans son premier état,
Végète sur la plante :
Voilà le candidat.
Sorti de la chenille,
Sur des ailes porté,
Un beau papillon brille :
Voilà le député.

Un proverbe dit : Comparaison n'est pas raison. Un axiome dit aussi : Toute comparaison cloche.

COMPLAISANTES

Odry disait un jour à Brunet : — Sais-tu pourquoi l'on se moque plutôt des bons que des méchants ?

— Je ne sais pas.

— Parce que les bonnes gens sont presque toujours des personnes qu'on plaisante.

COMPLET

Un jeune soldat, originaire de Lyon, a adressé à sa famille, après la bataille de Solferino, la lettre laconique suivante. C'est à la fois la lettre d'un brave soldat et d'un bon fils :

« Castiglione, 25 juin.

« Chère mère,

« Je suis encore vivant, très-vivant et bon vivant.

« Seulement, je ne suis plus complet, comme un omnibus les jours de pluie.

« Le chirurgien du régiment vient de me couper la jambe.

« Je m'étais habitué à l'avoir, et la séparation a été cruelle.

« Mon sergent-major me dit, pour me consoler, que j'aurai maintenant une jambe faite au tour.

« Allons! bonne mère, ne pleure pas, songe que j'aurais pu être tué comme une foule de mes braves camarades. C'est ceux-là ou plutôt la famille de ces pauvres amis qu'il faut plaindre.

« Réjouis-toi donc, au contraire, bonne mère, tout est profit pour toi : je vais bientôt aller te rejoindre pour ne plus te quitter, ma jambe de bois me forçant à rester près de toi ; je ferai tout ce qu'il te plaira : la chère partie de piquet.

« Tiens, voilà une larme qui tombe sur ce papier ; ce n'est point une larme de regret, mais de bonheur, car je vais bientôt t'embrasser. »

COMPLIMENTEUR

On dit qu'un complimenteur est un accompli menteur.

COMPTE

Le prince de Ligne connaissait deux frères du nom de Montailleur, l'un le marquis, et l'autre le comte. Le premier était aussi aimable et spirituel que son frère était ennuyeux. Aussi le prince, quand son valet de chambre lui annonçait M. de Montailleur, avait-il coutume de dire : — Si c'est le marquis de Montailleur, à la bonne heure ; mais si c'est le compte de mon tailleur, je sais ce que c'est et je n'en veux pas.

CONFIDENT

Qui peut nous expliquer les propriétés du liquide qu'on joint à l'huile dans la salade ? — Le cornichon, parce qu'il est *confit dans* du vinaigre.

CONFIRE

La différence qu'il y a entre un mari et un cornichon, c'est que le premier se confie en sa moitié, et l'autre se confit en son entier.

CONFRÈRE

Un médecin, ayant un cheval malade, fit appeler un maréchal. Celui-ci ayant guéri le cheval, le médecin lui dit : — Mon ami, qu'est-ce que je vous dois ? — Rien, répondit le maréchal : je ne prends jamais rien à mes confrères.

CONNAITRE

L'évêque de Québec, au commencement de sa mission, s'était perdu au Canada. Ceux qui étaient à sa recherche rencontrèrent une troupe de sauvages auxquels ils demandèrent s'ils connaissaient cet évêque. — Si je le connais! répondit l'un d'eux, j'en ai mangé.

On disait d'une femme qui s'évanouissait : — Elle se trouve mal. Un farceur répondit : — C'est qu'elle se connaît.

CONSEIL

Louis XI disait ordinairement que tout son conseil était dans sa tête, parce qu'il ne consultait personne. L'amiral de Brézé, le voyant monter sur un bidet très-faible, dit : — Il faut que ce cheval soit plus fort qu'il ne paraît, puisqu'il porte le roi et son conseil.

Quand on eut posé la statue de Louis XV sur des grues, afin de l'élever à la place dite aujourd'hui de la Concorde, un mauvais plaisant dit : — Le voilà au milieu de son conseil!

CONSIDÉRER

On donne souvent à ce mot des sens qu'il n'a pas trop. Une dame de mœurs légères, sur qui un étranger arrêtait ses regards avec persistance, lui dit : — Pourquoi, Monsieur, me considérez-vous ainsi ? — Madame, répondit l'autre, assez peu galamment, je vous regarde, mais je ne vous considère pas.

Voyez REGARDER.

CONVENTION

Un savant disait qu'il n'aimait pas qu'on l'appelât citoyen, parce que c'est un style de convention qui ne convient pas à tout le monde.

CONVOIS

On présentait comme un parti convenable à une demoiselle un jeune employé d'administration militaire. Il ne plut pas. La demoiselle lui demanda ce qu'il faisait. — Je suis dans les convois, Mademoiselle. — Oh! l'horreur! — Militaires, Mademoiselle! — Ou civils, peu importe! repassez quand je serai morte.

COQ-A-L'ANE

Ménage dit que Marot a inventé l'expression coq-à-l'âne, en donnant ce titre à une de ses épîtres. D'autres prétendent que ce mot vient d'une vieille fable où l'on introduisait un coq raisonnant avec un âne. Comme cette fiction n'avait pas le sens commun, on a donné le nom de coq-à-l'âne à tous les raisonnements aussi absurdes.

Une personne regardant le portail des Feuillants de la rue Saint-Honoré, à Paris, et entendant dire qu'il était de l'ordre corinthien : « Je croyais, dit-elle, qu'il était de l'ordre de Saint-Bernard. »

Un homme très-crédule disait qu'il n'avait pas de confiance dans la vaccine. « A quoi sert-elle, ajoute-t-il, je connais un enfant, beau comme le jour, que sa famille avait fait vacciner... eh bien! il est mort deux jours après... — Comment! deux jours après?... — Oui... il est tombé du haut d'un arbre, et s'est tué roide... Faites donc vacciner vos enfants, après cela! »

On a dit que le char funèbre, genre antique, qui avait transporté Louis XVIII à Saint-Denis, était le même qui avait traîné la liberté au Champ de Mars, la déesse Raison à Notre-Dame et Voltaire au Panthéon ; mais les draperies, selon la circonstance, en déguisaient la carcasse. Quoi qu'il en soit, lorsque le char, qui avait emporté le cercueil royal, revint à sa remise rue Bergère, chargé de toutes les décorations mortuaires entassées pêle-mêle, on lisait dessus, en grosses lettres : *Service des menus plaisirs du roi.*

Louis XV allant à Choisy, M. de Nédonchelles, officier des gardes du corps, anglomane décidé, galopait à l'une des portières de la voiture; et, comme il avait plu beaucoup, à tout moment il éclaboussait le roi, qui avait baissé la glace. — Nédonchelles, lui cria le roi, vous me crottez ! — Oui, Sire, répondit l'officier, à l'anglaise. On devine que Nédonchelles avait entendu : Vous trottez. Louis XV, ne saisissant pas la méprise, leva la glace de mauvaise humeur, et dit à ceux qui l'accompagnaient : « Parbleu ! voilà un trait d'anglomanie qui est un peu fort ! »

Frédéric le Grand avait coutume, toutes les fois qu'un nouveau soldat paraissait au nombre de ses gardes, de lui faire ces trois questions : « Quel âge avez-vous ? Depuis combien de temps êtes-vous à mon service ? Recevez-vous votre paye et votre habillement comme vous le désirez ? »

Un jeune Français désira entrer dans la compagnie des gardes. Sa figure le fit accepter sur-le-champ ; mais il n'entendait pas l'allemand. Son capitaine le prévint que le roi le questionnerait dès qu'il le verrait, et lui recommanda d'apprendre par cœur, dans cette langue, les trois réponses qu'il aurait à faire. Il les sut bientôt, et le lendemain Frédéric vint à lui pour l'interroger ; mais il commença par le seconde question et lui demanda : « Combien y a-t-il que vous êtes à mon service ? — Vingt-un ans, répondit le soldat. » Le roi, frappé de sa jeunesse qui ne laisait pas présumer qu'il eût porté le mousquet si longtemps, lui dit d'un air de surprise : « Quel âge avez-vous ? — Un an, sous le bon plaisir de Votre Majesté. » Frédéric, encore plus étonné, s'écria : « Vous ou moi avons perdu l'esprit. » Le soldat, qui prit ces mots pour la dernière question, répliqua avec fermeté : « L'un et l'autre, n'en déplaise à Votre Majesté. — Voilà, dit Frédéric, la première fois que je me suis vu traiter de fou à la tête de mon armée. »

Le soldat, qui avait épuisé sa provision d'allemand, garda pour lors le silence ; et quand le roi, se retournant vers lui, le questionna de nouveau pour pénétrer ce mystère, il lui dit en français qu'il ne comprenait pas un mot d'allemand. Frédéric, s'étant mis à rire, lui conseilla d'apprendre la langue qu'on parlait dans ses États, et l'exhorta d'un air de bonté à bien faire son devoir.

Pièce copiée sur l'original affiché à Pontarlier.

1° Il est défendu d'extraire de la pierre, du sable, des carrières du territoire de la comunne sans avoir prévenu les autorités, surtout de la marne, les étrangers n'y sont pas admis.

2° Les cabaretiers qui donneront à boire le dimanche sont prévenus qu'on leur dressera procès-verbal pendant les offices, surtout de la messe, qu'il est défendu d'y aller.

3° Il est défendu de conduire le bétail sur le communal joignant le pic des avoines, ni avec des brebis, chèvres ou autres, malgré qu'ils seraient conduits par des personnes raisonnables, qui ne doivent pas être pâturés.

4° Dimanche, à l'issue de vêpres, il sera procédé à

l'adjudication au plus offrant et dernier enchérisseur des boues du village, en présence du maire, qu'on devra racler proprement, assisté de deux membres du conseil, provenant des égouts de la ville. Les articles susdits, regardent aussi tous les habitants de tous les sexes, qui devront être exécutés.

Les habitants sont prévenus que, lundi prochain, on échenillera deux personnes par maison, le curé excepté.

Le maire COLAS.

Le 5 mars 1846.

L'abbé Cherrier, censeur royal au commencement de la régence, publia un volume de plaisanteries, qu'on retrouve pour la plupart dans diverses compilations connues. Nous en extrairons ici le seul morceau qui soit un peu rare. C'est un singulier faisceau d'équivoques.

HISTOIRE DE L'HOMME INCONNU

Je prie qu'on ne juge pas mon style avec la rigueur (*du grand hiver*). S'il est un peu plat (*de terre*) et simple (*du jardin du roi*), vous n'en apprendrez pas moins que mon héros avait un corps (*de garde*), une tête (*d'épingle*), un cou (*de tonnerre*), des bras (*de mer*), un cul (*de sac*), une haleine (*de savetier*), une âme (*de soufflet*). On lui acheta une charge (*de cotterets*) qui le mit dans belle passe (*de billard*). Il parlait en fort bons termes (*de Pâques ou de la Saint-Jean*); il était fort bien vêtu, ayant de belles chemises de toile (*d'araignée*), un magnifique rabat (*joie*) de point (*du jour*), une jolie culotte (*de bœuf*). Sa maison était bâtie de pierres (*philosophales*), soutenue de piliers (*de caba-*

ret); on y entrait par deux cours (*de chimie*), d'où en montant vingt-cinq degrés (*de chaleur*) on se trouvait dans une grande chambre (*de justice*), qui donnait entrée dans douze pièces (*de Molière*), toutes ornées de colonnes (*de chiffres*).

L'homme inconnu se faisait servir dans chacune (*à spectacle*) tour à tour une fricassée de coq- (*à-l'âne*), avec deux entrées (*de ballets*) et deux poulets (*d'amants*). Son dessert était composé d'une compote de coins (*de rue*), d'un pot de gelée (*de novembre*), de marrons (*d'artifice*) et d'amendes (*honorables*).

Après le repas, il courait à la chasse, suivi d'une meute de chiens (*dent*), de quatre valets (*de pique*), et de deux pages (*de livre*), montés sur des chevaux (*de frise*), portant des lacs (*d'amour*) et des filets (*de canard*).

Comme ce rare personnage avait souvent des tranchées (*de ville assiégée*), on lui ordonna la diète (*de Ratisbonne*).

Ayant perdu sa femme, il voyagea et mourut d'une chute (*d'eau*).

Voici une autre plaisanterie de même genre :
Mademoiselle Esprit d'Alambic avait une très-belle tête à papillotes, une de ces figures de géométrie qui promettent; quoique demoiselle, elle avait un superbe port de mer (*mère*); elle portait le fronteau (*front haut*); elle avait un œil de bœuf, un œil de bouillon gras, un négrillon (*nez grillon*) charmant, une bouche de canon dans laquelle étaient des dents de loup et une langue de vipère, la laine (*l'haleine*) d'un mérinos, une oreille de veau frite au sec, une oreille de Midas, un couvert (*cou vert*), mais il était d'étain (dé-

teint), les pôles (*l'épaule*) du monde, un bras de fauteuil, un bras dessus bras dessous, une main morte, un doigt de gaieté, un pouce de terre, un point (*poing*) d'Angleterre, un poignet à jour, un cou-de-pied, des côtes de fer, une anche (*hanche*) de basson, une anche oie : on voyait toujours avec un plaisir nouveau sa jambe de cerf, sa cheville ouvrière, son pied de table, son pied de grue, son talon de passe-port; elle joignait à tous ces avantages celui d'une éloquence rare, et l'on ne pouvait résister aux coups que portait sa patte étique (*pathétique*); quoique d'une chair fraîche, elle avait une teinte violette qui lui rendait la polaque (*peau laque*); c'était cependant une police (*peau lisse*), car elle n'avait pas de chagrin, et elle pouvait se vanter en tout temps d'avoir le cornet (*corps net*).

Ce qui suit est encore dans le même genre :

LES AVENTURES DU COURTISAN GROTESQUE.

Le courtisan sortit un jour d'un palais (*de bœuf*) habillé de vert (*de gris*), parfumé (*comme un jambon*) d'odeur (*de sainteté*), et enveloppé d'un manteau (*de cheminée*). Il rencontre une dame (*d'échecs*) parée d'une belle robe (*d'avocat*), d'une fine fraise (*de veau*) et d'une riche côte (*de melon*), bordée d'un filet (*de vinaigre*).

Ah! ma reine, s'écria-t-il, jetez les yeux sur mon cœur (*d'opéra*). Voyez les mille morts (*de bride*) que vos dédains me font souffrir. Par pitié, accordez-moi (*comme une guitare*) un don (*prieur*). Laissez-moi jouir à vos pieds (*destal*) de mon ravissement (*de Proserpine*). Vous balancez (*sur la corde*). Ah! belle dame, ne craignez pas que je change jamais (*mon argent blanc*). Je suis à vous pour la vie (*de parents*), j'en fais à l'amour le plus doux des vœux (*de chasteté*).

La dame (*d'échecs*), flattée des transports (*de marchandises*) du courtisan, ne put retenir quelques souris (*de mon grenier*), et quelques coups d'œil en dessous (*main*). Celui-ci, enhardi par cette faveur (*de filoselle blanche*) appelle la dame sa lumière (*de canon*), son âme (*de violon*), l'attire sur un banc (*de mariage*), et la conjure d'apaiser la violence du feu (*son père*) qui le consume. La bonne dame (*d'échecs*) se laisse émouvoir par ses larmes (*de sapin*), et le suit dans un lieu (*privé*) où l'on voyait de longues allées d'arbres (*généalogiques*), qui, enlaçant leurs branches (*collatérales*), donnaient beaucoup d'ombre (*des Champs-Élysées*). Les parterres étaient émaillés de fleurs (*de rhétorique*). On y respirait un air doux (*de clavecin*), et l'on se reposait sous de riants berceaux (*d'enfants*), impénétrables aux chaleurs (*de poitrine*) et rafraîchis par plusieurs bassins (*de barbiers*).

Ce lieu charmant aiguisait l'appétit le plus malade. Le courtisan y fit dresser une table (*de la loi*) et servir un coq (*de clocher*), entre deux entrées (*aux barrières*) suivi d'un friand dessert, où l'on remarquait de belles poires (*d'angoisses*) et d'excellentes pêches (*de marée*). La dame fit honneur à cette collation (*de bénéfice*). Pour le courtisan, il mangea peu, babilla beaucoup, conta (*par livres, sous et deniers*) toutes ses bonnes fortunes (*du pot*), reconduisit ensuite chez elle sa nouvelle conquête (*de l'Amérique*), et se retira (*comme un parchemin*)

Le lendemain, il prend un peu d'encre (*de navire*), taille quelques plumes (*d'oreiller*), fait des vers (*à soie*) les plus galants du monde, et vite en charge un courrier (*de Rome*), qui met ses bottes (*de foin*), monte sur le cheval (*de Troie*), galope, ou plutôt vole (*une tabatière*) chez la dame (*d'échecs*) et rapporte aussitôt à l'amoureux sa réponse (*en salade*).

Il le trouve couché dans un lit (*de rivière*), suant, se débattant et ravi en extase jusqu'au ciel (*du lit*). Un bel esprit (*du cimetière*) cherchait en vain à le distraire de ses pensées (*odoriférantes*). Notre amoureux n'écouta point (*et virgule*) ce qu'il disait. Il lut la lettre (*dominicale*) que venait de lui remettre le courrier; et enchanté il prend les plus beaux habits de son coffre (*fort*) et va tout droit (*romain*) chez sa mie (*de pain mollet*).

Cependant, un ancien amoureux de la belle se livre à la jalousie (*d'une fenêtre*), et ne pouvant souffrir que la dame (*d'échecs*) soit possédée (*du démon*) par un autre que lui, il envoie au courtisan un appel (*comme d'abus*). Les deux rivaux se trouvent sur le champ (*des rossignols*), viennent aux prises (*de rhubarbe*), se portent tour à tour plusieurs coups (*de vin*), frappent de pointe (*des cheveux*), de revers (*de médaille*), enfin, après un long combat (*des passions*), le courtisan allonge à son rival une terrible botte (*molle*); il le blesse; le fait porter chez un esculape pour le faire panser (*à ses affaires*), revient triomphant sur un char (*de fumier*) et se jette aux genoux de sa bonne dame (*d'échecs*) qui le reçoit à bras ouverts (*par trois cautères*) et lui accorde sa main (*de papier*), après lui avoir donné quelques jours (*de vigile et jeûne*) pour se remettre.

Quand les noces furent faites, on mit l'épousée dans une couche (*de citrouilles*) bien mollement garnie de plumes (*d'écritoire*), puis l'on dansa autour (*d'un couvent grillé*) au son (*de la farine*) que rendaient mille instruments (*de mathématiques*).

Nos époux donnèrent de grandes fêtes (*mobiles*), se divertirent pendant quelques mois avec leurs connaissances (*littéraires*), visitèrent ensuite leur château (*en Espagne*), leurs terres (*australes*), leurs champs (*de bataille*), et ayant tiré de leurs fermiers différentes sommes (*de saint Thomas*), ils parurent à la cour (*tille*). Le mari acheta un office (*des morts*), devint officier (*d'office*), et par ses grands talents (*d'or*), fut bientôt général (*des capucins*); il fit alors de fameux exploits (*de sergent*), de belles actions (*de grâces*) dont il fut loué (*à dix sous par jour*) et eut la gloire de mourir dans une grande journée (*d'été*), laissant toute la terre dans la douleur (*de l'enfantement*).

On lui fit cet épitaphe :

> Ci-gît un courtisan grotesque
> Un fantôme godeluresque ;
> Fils du mensonge décevant :
> Il vécut sans corps et sans âme.
> Passant, regarde sous sa lame,
> Tu n'y trouveras que du vent.

COQUELICOT

Le mot coq doit se prononcer coque et non pas co, excepté dans coq d'Inde, qui se prononce codinde. Cependant, un provincial, tenant à l'usage de sa province, enseignait la prononciation de cette manière à son fils qui le consultait :

Écris *coq*, lis *co*.

CORBEAU

Tout alla bien, quand Talma prit Racine
Et dans Corneille il était encor beau.
Mais Manlius prépara sa ruine;
Et dans La Fosse il trouva son tombeau.

CORDE

Tout va bien, disait un représentant sous Louis-Philippe; j'ai mérité la croix et les ministres *l'accordent*.

CORPS

Un musicien, qui jouait des fanfares à la Moskowa, fut attaqué par un Russe, qui lui passa son sabre dans le cor, sans lui faire aucun mal.

COSSES

Les faiseurs de calembours disent que la patrie des poids, c'est l'Écosse.

COTON

Le Père Cotton, jésuite, était le confesseur de Henri IV; il avait, par son dévouement, pris un certain ascendant sur ce monarque, ce qui donna lieu à cette pointe des protestants : Henri est assez bon prince, c'est dommage qu'il ait du *coton* dans les oreilles.

COU

On s'étonnait de l'effronterie d'un filou en guenilles, portant une magnifique cravate, qu'il venait de voler.
— Quelqu'un dit : il l'a mise pour cacher son *coup*.

COUCHE

Le marquis de Bièvre dinant chez le financier Beaujon, on servit un melon auquel les convives reprochèrent ses pâles couleurs : « C'est qu'il relève de couche, » dit le marquis.

COUPS

Ce mot a beaucoup de sens, qui sont ingénieusement passés en revue dans cette chanson de Désaugiers :

> Tout homme ici bas a sa part
> Des coups qui menacent la vie ;
> Le joueur craint ceux du hasard,
> Le riche craint ceux de l'envie.
> L'ennemi craint ceux du canon,
> Le poltron craint les coups de canne ;
> Et l'homme à talents est, dit-on,
> Sujet au coup de pied de l'âne.
>
> Un coup de tête, bien souvent,
> Aux jeunes gens devient funeste.
> Un coup de langue est du méchant
> L'arme qu'à bon droit on déteste.
> L'espérance du laboureur
> Par un coup de vent est trompée.
> Un coup de patte à son auteur
> Par fois attire un coup d'épée.
>
> Tous fiers de leurs nouveaux succès,
> Nos riches, étonnés de l'être,
> Se vantent que leurs coups d'essais
> Ont été de vrais coups de maître.
> Un coup de théâtre mal fait
> Indispose tout un parterre,
> Et l'auteur, au coup de sifflet,
> Est frappé d'un coup de tonnerre.

Chers amis, comme en vous chantant
Coup sur coup trois couplets, je tremble
D'avoir perdu les coups de dents,
Buvons au moins un coup ensemble.
Si de ma chanson sur les coups
L'assommante longueur vous lasse,
Je consens, par pitié pour vous,
A vous donner le coup de grâce.

COURBE

A propos des fêtes que l'on fit à Lons-le-Saulnier pour l'inauguration de la statue du général Lecourbe, la *Sentinelle du Jura* a remis en lumière un quatrain composé à l'époque où, avec 9,000 hommes, ce général parvint à faire 35,000 prisonniers et à arrêter court au pied des Alpes les armées russes qui s'avançaient à grands pas pour envahir le territoire de la République.

Par trop d'emportement sujet à se méprendre,
Suwarow vers Paris prenait son chemin droit,
Quand, battu près Glaris, chacun dans cet endroit
Lui dit : C'était *le courbe*, ami, qu'il fallait prendre.

COURTE-POINTE

On prétendit, en 1780, que le marquis de Bièvre étant entré un jour d'été chez le roi, le prince lui dit : « Marquis de Bièvre, faites-nous une pointe qui soit bonne et courte. » Le marquis répondit : « Sire, il fait trop chaud pour se charger de courtes-pointes. »

COUVERT DE BOIS

Quand est-ce que le dos d'un bûcheron est propre à retourner la salade ?

— Quand il est *couvert de bois*.

COUVERTS D'ÉTAIN

M. F. disait l'autre jour à M. G. S.-H. : Quels sont les animaux qui savent se procurer des fourchettes et des cuillers?

— Ni vu ni connu.

— Ce sont les lapins quand ils sont à jeun, parce qu'ils cherchent partout jusqu'à ce qu'ils aient *découvert des thyms*.

COUVERTURES

On a donné ce conseil à un frileux : « Vous louez un appartement dans lequel se trouve une pièce ayant deux fenêtres et trois portes; vous les ouvrez toutes et vous avez cinq ouvertures. »

CRACHAT

Ce mot a de très-singulières applications. Elles sont employées dans un quatrain publié à l'entrée de 1789, sous le titre de *prophétie de Nostradamus :*

> En quatre-vingt-neuf, grand combat.
> Les Gaulois s'armeront les uns contre les autres.
> Le seigneur d'Orléans y perdra son crachat;
>   Mais il sera couvert des nôtres.

CROIRE

Un demi-savant disait, dans un salon : — Je ne crois que ce que je comprends. — Comprenez-vous, lui objecta le père Lacordaire, comment le feu fait fondre le beurre et durcir les œufs? — Non, je ne le comprends pas. — Cependant, vous croyez à l'omelette.

CROISÉS

Un jeune homme cherchait à établir qu'un de ses aïeux s'était croisé du temps de saint Louis. — C'est vrai, dit un de ses amis ; il s'est même croisé deux fois. La première fois, il s'est croisé les bras ; la seconde fois il s'est croisé les jambes.

Un farceur demandait à quoi auraient ressemblé Tancrède et Godefroid de Bouillon s'ils eussent pris du tabac. On lui répondit : — à des croisés à tabatières.

CROIX

On avait donné à deux enfants un biscuit. C'était au seizième siècle.

— Jouons-le à croix ou pile, dit le premier. Il tira un doublon et le jeta en disant : — Moi, je prends la croix. — Et moi, dit le second, je prends le biscuit, — et il le mangea.

CRUCHES

Rien de plus singulier, disait M. de Maurepas, alors ministre, que la manière dont se tient le conseil chez quelques nations nègres ; représentez-vous une salle d'assemblée où sont placées une douzaine de grandes cruches remplies d'eau : c'est là que, nus, et d'un pas grave, se rendent une douzaine de conseillers d'État. Arrivés dans cette chambre chacun saute dans sa cruche, s'y enfonce jusqu'au cou, et c'est dans cette posture qu'on délibère sur les affaires d'État.

Mais quoi ! vous ne riez pas, ajouta Maurepas en se tournant vers le prince de Ligne, son voisin.

— C'est, répondit-il, que j'ai vu quelquefois une chose plus plaisante encore.

— Et quoi donc, s'il vous plaît?

— C'est un pays où les cruches seules tiennent conseil.

Dans les farces qu'il faisait, F... n'était pas toujours heureux. Il se présenta un jour plus que gris à la barrière, et dit au commis de l'octroi : — Je passe du vin que vous ne me ferez pas payer.

— Monsieur, répondit un des employés, le vin en cruche ne paye pas.

CUBES

M. Pouillet disait l'autre jour à M. Cauchy : Quel est le personnage grec qui aimait le mieux la géométrie?

— Je ne sais pas, répondit M. Cauchy, et pourtant je voudrais bien le savoir.

— Eh bien... c'est Priam !

— Et pourquoi.

— Parce qu'il était amoureux d'Hécube (*des cubes*).

CUIR

Comment feriez-vous des bottes avec une pomme? Je la ferais cuire.

CYRUS

On annonçait chez un libraire les voyages de Cyrus; tous les Russes qui en entendaient parler achetaient ce livre, croyant que c'étaient les voyages de six de leurs compatriotes.

D

DATTES

Un Anglais, qui aimait beaucoup les dattes, grognait contre les épiciers qui les lui vendaient souvent avariées. En passant sur le quai des Augustins, il lut à la fenêtre d'un libraire l'étiquette d'un in-folio. C'était le savant travail des Bénédictins intitulé : l'*Art de vérifier les dates*. — Voilà mon affaire, dit-il. Il acheta le livre, l'emporta, et grogna de nouveau en n'y trouvant que les dates historiques qui l'occupaient moins que les dattes du dattier.

DÉCRET

Un savant prétend que les mots décret et décréter ont été inventés par Minos roi et législateur de la Crète.

DEDANS

On disait d'un merveilleux, qui avait perdu ses dents et qui se pavanait comme un autre, que quand il se présentait devant un miroir, il ne se voyait jamais *de dents :*

Un autre se plaignait d'avoir un mal de dents qu'il ne pouvait pas mettre dehors.

DÉGOUTER

Pourquoi se plaint-on des jours pluvieux ? — Parce qu'on *sent des gouttes*.

DÉMOCRATE

Épigramme. — Anagramme. 1799.

Ces jours passés, un fougueux démocrate,
Que l'anagramme en tout temps transporta,
Du vilain mot aristocrate
Avec labeur *iscariote* ota.
Un gros monsieur, habillé d'écarlate,
Dit en courroux : Quel butor est-ce là ?
J'ai trouvé bien mieux que cela ;
On en conviendra, je m'en flatte ;
Car sans tricher d'un iota,
Démocrate *me decrota.*

DÉROBÉ

Le financier La Noue montrait une magnifique maison qu'il venait de faire bâtir, à un seigneur qui savait bien qu'en penser. Après lui avoir fait parcourir plusieurs beaux appartements : — Admirez, lui dit-il cet escalier dérobé. — Le visiteur repartit : — Il est comme le reste de la maison.

DÉSASTRE

Dans les derniers jours du Directoire, on trouva un matin, sur la porte du Luxembourg, un magnifique soleil fraîchement peint, et portant au milieu de ses rayons ce seul mot : *la République.* Les Parisiens comprirent le rébus, et tout le monde le lisait. (La République dans le plus grand des astres.)

DESCARTES

Le marquis de Saint-Aulaire, qui, à la fin du XVIIe siècle, fit les délices de la cour de la duchesse du Maine, fut prié un jour par cette princesse de lui expliquer le système de Newton. La sachant zélée cartésienne, le spirituel marquis éluda la question en improvisant ce petit couplet sur l'air *des fraises* :

> Princesse, détachons-nous
> De Newton, de Descartes ;
> Ces deux espèces de fous
> N'ont jamais vu le dessous
> Des cartes,
> Des cartes,
> Des cartes.

DÉTESTABLE

On s'est réjoui beaucoup en 1858 d'avoir une si grande suite de jours d'été stables.

DÉTRESSE

Plaignez les coiffeurs parce qu'ils vivent souvent avec *des tresses*.

DEUX

L'abbé Morellet disait : « Il faut être deux pour manger une dinde truffée ; je ne fais jamais autrement. J'en ai une aujourd'hui, nous serons deux, — la dinde et moi. »

Madame Denys était fort laide. Comme elle était encore au lit avec son mari, qu'elle avait épousé après la mort de Voltaire, on introduisit dans sa chambre un paysan qui lui apportait de l'argent.

A la vue de ces deux têtes il ne sut à qui s'adresser.

— Messieurs, leur dit-il, lequel de vous deux est madame? »

DEVANT

Le comte de Lauraguais, ruiné, n'avait plus que mille écus de rente, et il donnait trois mille livres à son coureur. — J'ai trouvé le moyen, disait-il, d'avoir toujours une année de mes revenus devant moi.

On raconte autrement la même chose :

Bien jeune, le vicomte de Choiseul s'était fait remarquer par une réponse à Louis XV. Ce monarque lui reprochant un jour des prodigalités qui le menaçaient d'une ruine certaine, il lui répondit : « Sire, on m'a calomnié auprès de votre Majesté, car j'ai toujours une année de mon revenu devant moi. » Le vicomte disait vrai, il ne lui restait plus que douze mille livres de rente, et la riche livrée de son coureur coûtait douze mille francs.

DEVIN

Le marquis de Bièvre disait que l'esprit-de-vin était nécessaire pour deviner un calembour.

DEVOIR

Une ville assez pauvre fit une dépense considérable en fêtes et en illuminations au passage de son prince. Il en parut lui-même étonné. — Elle n'a fait, dit un courtisan flatteur, que ce qu'elle devait. — Cela est vrai, répliqua un seigneur mieux intentionné, mais elle doit tout ce qu'elle a fait.

Un Florentin connu de Pogge avait besoin d'un cheval. Il en trouva un qu'on voulut lui vendre vingt-cinq ducats. — Je vous en donnerais quinze comptant, dit-il au maquignon, et je serai votre débiteur du reste. Le maquignon y consentit. Quelques jours après il alla demander ses dix ducats. — Il faut, dit l'acheteur, vous en tenir à nos conventions. Je vous ai dit que je vous devrais le reste, et je ne vous le devrais plus si je vous le payais.

Un oncle gourmandant son neveu sur ses folles dépenses, lui dit : « Tu fais des dettes partout, tu dois à Dieu et à diable. — Précisément, mon oncle, reprit le neveu, vous venez de citer les deux seuls êtres auxquels je ne doive rien. »

DIFFÉRENCES

Madame la duchesse du Maine demanda un jour à quelques gens de beaucoup d'esprit qui s'assemblaient chez elle : « Quelle différence y a-t-il entre moi et une pendule ? » Ces messieurs se trouvaient fort embarrassés pour la réponse, lorsque M. de Fontenelle entra. La même question lui fut faite par la princesse. Il répondit sur-le-champ : « La pendule marque les heures, et votre altesse les fait oublier. »

Sous ce titre de différences, les bonnes gens ont une série d'énigmes, où le calembour et le jeu de mots se présentent quelquefois :

Quelle différence y a-t-il entre une femme et une serrure ?

— Celle-ci, qu'une serrure est pleine de vis et une femme pleine de vertus.

Quelle différence y a-t-il entre un juge et une échelle ?

— C'est qu'un juge fait lever la main et qu'une échelle fait lever le pied.

Quelle différence y a-t-il entre Alexandre le Grand et un tonnelier ?

— C'est qu'Alexandre mit les Perses en pièces et qu'un tonnelier met les pièces en perce.

Quelle différence y a-t-il entre Louis XIV et un cuisinier ?

— Celle-ci, que Louis XIV était un potentat et qu'un cuisinier est un tâte en pot.

Quelle différence y a-t-il entre Frédéric II et son meunier de Sans-Souci ?

— C'est que Frédéric II connaissait la tactique et son meunier le tictac.

DIFFICULTÉS

Avant le 31 mai 1794, T... demandait à B... s'il n'y avait aucuns moyens de rapprochement entre la Montagne et les Girondins. — Aucun répond celui-ci; ces gens-là ont des têtes trop difficiles. — Difficiles, répliqua T... Eh bien! on tranchera les difficultés.

DIGÉRER

Montmaur, le célèbre parasite, disait d'un financier chez qui tout le monde allait pour sa table et que l'on trouvait très-ennuyeux : « On le mange, mais on ne digère pas. »

DIMINUER

Que dit la miche quand on la coupe ? — Elle diminue.

DINDON

Rossini avait fait un pari ; je ne sais quel était le sujet du pari ; mais l'enjeu était une dinde truffée. Son adversaire le perdit, et comme il ne se pressait pas de s'exécuter, Rossini lui dit un jour : « Eh bien ! mon cher, à quand donc la dinde ? » L'autre : « Les truffes ne sont pas encore bonnes. — Allons donc, dit le maestro, ce sont les dindons qui font courir ce bruit-là. »

DINER

Quand est-ce qu'un priseur prend le plus de tabac ? — Quand il a dix nez.

DONNER

Montesquieu disputait sur un fait avec un conseiller du parlement de Bordeaux, qui avait de l'esprit, mais la tête un peu chaude. Celui-ci, à la suite de plusieurs raisonnements débités avec fougue, dit : M. le président, si cela n'est pas comme je vous le dis, je vous donne ma tête. — Je l'accepte, répondit froidement Montesquieu, les petits présents entretiennent l'amitié.

Le mot *donner* a beaucoup d'expressions singulières. Un fossoyeur disait un jour : — Ça va mal ; le mort ne donne pas.

Une vieille dame demandait à son voisin, dans un salon :

— Combien me donnez-vous d'années ?

— Vous en avez assez, Madame, répondit le voisin, sans que je vous en donne encore.

DOS

Quelle différence y avait-il, avant la révolution, entre la reine de France et son chat : — C'est que le chat faisait le gros dos, et la reine le Dauphin.

DOUBLE SENS

On a fait plusieurs fois des vers qui ont un double sens, lorsqu'on les lit dans l'idée de l'auteur. Nous n'en citerons qu'un exemple. C'est le serment civique *à double face* de 1792. Si on lit ces vers à pleine ligne ils ont un sens, qui est démenti lorsqu'on les relit à deux colonnes :

> A la nouvelle loi......... je veux être fidèle
> Je renonce dans l'âme..... au régime ancien.
> Comme article de foi...... je crois la loi nouvelle
> Je crois celle qu'on blâme.. opposée à tout bien.
> Dieu vous donne la paix... messieurs les démocrates,
> Noblesse désolée,......... au diable allez-vous-en,
> Qu'il confonde à jamais.... tous les aristocrates
> Messieurs de l'assemblée... ont seuls le vrai bon sens.

DOUCEUR

Un complimenteur disait au salon de M. Thiers :
— Une heure passée ici est une douce heure.

DROIT

Quelqu'un ayant demandé à un homme qui avait les jambes crochues, quel chemin il avait pris pour venir de Londres. — Je suis venu tout droit, lui répondit-il. — En ce cas, Monsieur, reprit l'autre, vous avez furieusement changé dans la route.

DROMADAIRE

Il est mâle et femelle. Lorsque la République de 1848 sollicita les assentiments de la province, les notables républicains de Valence envoyèrent au gouvernement provisoire cette adresse laconique : *la Drôme adhère.*

DUCIS

Deux bibliomanes jouant aux dominos, l'un demanda : « As-tu du six ?... — Ducis ? répondit l'autre. Non, mais mon libraire me l'apportera demain.

Il se préoccupait de Ducis, le poëte.

E

Les lettres les moins sémillantes sont les lettres E B T. Un E est aussi la lettre qui porte le mieux les lunettes.

EAU FINE

Quelle est la fontaine de Paris qui fournit l'eau la plus délicate ?

— C'est la fontaine Dauphine.

ÉCHELLES

Un nouvelliste disait, dans un café de Paris, qu'il y avait une arche du Pont-Euxin de tombée. — Cela est si vrai, reprit un autre, que le Grand Seigneur a ordonné qu'on prît les échelles du Levant pour la rétablir.

ÉCHO

Quelques jeunes gens s'entretenaient d'un écho qui avait fait plaisir dans la musique d'une pièce nouvelle. A cette occasion, on se mit à parler d'échos qui rendaient deux, trois, quatre et cinq syllabes. Chacun citait, exagérait même, lorsqu'un Gascon qui n'avait encore rien dit, s'écria : — Qué mé dites-vous là, mes amis ? Vive celui de mon pays ! On lui dit : — Écho, comment te portes-tu ? Il répondit : — Jé mé porté bien. Voilà un écho, céla.

DIALOGUE ENTRE UN REPRÉSENTANT ET L'ÉCHO.

Si je te parle, Écho, de toi serai-je ouï ?	Oui.
Qu'a-t-on dit que j'étais dans l'emploi de Solon ?	Long.
Eh ! comment voulait-on que fussent mes discours ?	Courts.
On m'assure pourtant que je fus éloquent.	Quand ?
Que dit-on du *quantùm* que l'on me fait toucher ?	Cher.
Penses-tu que je sois regretté du vulgaire ?	Guère.
Renaîtrai-je de l'urne ainsi que le phénix ?	Nix.
L'électeur, que dit-il ? Je suis sur mon départ.	Pars.
Je vais donc te quitter, ô nation française ?	Aise.
Voilà de mon mandat un bien triste examen !	*Amen.*

L'ÉCHO A UN MINISTRE DE LA DYNASTIE DE JUILLET.

On dit que vous aimez la guerre ;
— Guère !
Que vous raffolez du canon ;
— Non !
Que, nuit et jour, et sans relâche,
— Lâche,
A l'Anglais vous montrez le poing :
— Point !
Que, ne voulant ni paix ni trêve,
— Rêve !
Vous n'aspirez que le combat.
— Bah !...
Pritchard, qui vous trouve admirable
— Hable,
Et qui vous proclame charmant,
— Ment,

Prétend que votre cœur escompte
— Honte
Jusqu'à l'honneur évanoui ;
— Oui ;
Que votre gloire est colossale
— Sale,
Et qu'on bénira votre nom.
— Non !!

Capitaine CLÉVELAND

LES ÉCHOS DE LA MONTAGNE (1848).

Vous parlez ab hoc et ab hàc
— Bac.
Vous ferez bien souvent, Chauffour,
— Four.
Votre parole est, Laclodure,
— Dure ;
La vôtre n'est pas, Madesclaire,
— Claire ;
Que vos discours sont donc, Charras,
— Ras ;
Votre débit n'est pas, Cambon,
— Bon ;
Économisez notre argent,
— Gent ;
Parlez donc et votez, Crémieux,
— Mieux.
Enfin, pour paraître moins gauche,
— *Gauche*,
Faites surtout tous vos discours,
— Courts.

ÉCLAIRER

Un ferblantier de Besançon, s'étant passionné pour Voltaire à la lecture de ses ouvrages, désira ardemment de le voir ; il arrive à Ferney et demande à être présenté au maître du château; les gens le refusent durement; il insistait, lorsque le patriarche des philosophes, qui avait vu arriver celui-ci à pied, mal vêtu, enfin dans un équipage par trop philosophique, ouvre sa fenêtre et lui demande brusquement : — Qui êtes-vous? Que faites-vous? Le ferblantier répond fièrement : — Je fais comme vous, j'éclaire le monde..., je fais des lanternes.

Cette plaisanterie lui valut, dit-on, un accueil favorable.

ÉCRIRE

Un savant, connu par un nasillement extraordinaire, assistait à la lecture d'un ouvrage historique. — Cet ouvrage est mal écrit, s'écria-t-il, un style prétentieux, plein d'affectation! Il faut avant tout écrire comme on parle. — C'est fort bien, dit un ami de l'auteur, mais alors, vous qui parlez du nez, vous devez écrire de même.

L'abbé Alary fut reçu parmi les Quarante, quoiqu'il n'eût publié aucun ouvrage. Lorsqu'il alla faire ses visites, il laissa son billet chez un académicien de qualité, qui était sorti et qui n'avait jamais entendu parler de lui. En rentrant avec un de ses amis, l'académicien trouva le billet, le lut, et dit, avec le ton de la surprise :

— L'abbé Alary! je ne le connais pas; qu'a-t-il écrit? — Son nom, reprit l'autre.

EFFORT

Voyant un homme qui avait le nez très-gros, Odry disait : — En faisant cet homme-là la nature a fait *un nez fort*.

ÉGALITÉ

Il y a sur ce mot quelques couplets dans la chanson du communisme, qui se chante sur l'air : *Ah! le bel oiseau, maman.* Nous ne copions pas le refrain :

> Pour être vraiment égaux,
> Tous devront naître de même,
> Ni plus forts, ni moins nigauds
> Que les rêveurs du système.
>
> L'esprit n'est plus bon à rien ;
> Nous l'abolissons d'avance !
> Nous savons, on le voit bien,
> Nous passer d'intelligence.
>
> A quoi servent, ici-bas,
> Les peintres et les poëtes ?
> Raphaël fera des bas
> Et Corneille des chaussettes.

EMPLOI

Un capitaine qui avait été barbier, partant pour aller au siége d'une ville, on lui dit : — Si l'on rase cette ville, vous pourrez bien y avoir de l'emploi.

EMPORTER

Voici un proverbe :
« Ne nous emportons pas, nous ne nous en porterons que mieux. »

EN

Prête au calembour dans plusieurs circonstances. Un riche bourgeois disait, dans une réunion : — On doit du respect et des honneurs aux *gens en place*. — Je suis dans ce cas-là, dit un jeune homme qu'on ne re-

marquait pas, et je me contenterai d'un peu d'aide.
— Dans quel cas êtes-vous?
— Dans le cas assez triste des *gens sans place.*

On a fait ce quatrain sans rime sur les bonnets de juge :

>L'huissier s'en glorifie ;
>Le procureur s'en pare ;
>L'avocat s'en joue ;
>Tandis que le juge s'endort.

ENCORNÉ

Un farceur se vantait d'avoir mangé d'un veau qui n'était pas *encorné.*

ENCRE

Un voyageur revenant d'Angleterre s'excusait auprès de sa femme de ne lui avoir pas écrit. — C'était mon intention, disait-il, mais je ne l'ai pas pu, parce qu'en arrivant à Douvres on a jeté l'ancre.

ÉNIGME
CONTENANT QUELQUES CALEMBOURS

>Il faut qu'ici chacun devine
>Qui je suis et quel est mon nom ;
>Sans moi, vous n'auriez pas Racine,
>Sans moi, vous n'auriez pas Pradon !
>C'est toujours par moi qu'on hérite ;
>Je renferme et sucre et poison ;
>Et je boirai cent ans de suite,
>Sans jamais perdre la raison.

>Plus d'un critique impitoyable
>M'emploie en son malin esprit ;
>Sans que je puisse être coupable,
>On me déchire, on me noircit.

En France, en Russie, en Espagne,
J'ai des succès, j'ai des revers;
Si les uns perdent quand je gagne,
Les autres gagnent quand je perds.

Quoiqu'assez gênant par ma forme,
Chacun m'emporte quand il sort:
Je suis mince; je suis énorme;
Je suis délicat; je suis fort.
Petit, je sers beaucoup aux dames.
Je suis Français, Grec, ou Romain;
Je fais des bateaux; j'ai des rames;
Et sans bras j'ai beaucoup de mains [1].

ENNEMIS

Lorsque les Bourbons revinrent, ils firent ce calembour que Napoléon avait des *N mis* partout. On détruisit les N sur les momuments. Un inspecteur, voyant un N sur la porte Saint-Denis, s'écria : — J'aperçois là un N qu'il faut enlever. — Mais, lui dit-on, elle fait parie de l'inscription *Ludovico Magno* : si vous l'otez, on lira *Ludovico mago*, ce qui ne plaira peut-être pas à Louis XVIII.

On remplaça les N par les L; et les plaisants dirent : Les chiffres maintenant sont tous L. Mais quand vinrent les C de Charles X, on se récria sur ce qu'on ne faisait plus que tous C.

ENSEIGNES

On remarquait, il y a quelque temps, rue des Petits-Champs, une pension de jeunes filles et un charcutier dont les deux enseignes n'en faisaient qu'une, si bien qu'on lisait sur la même ligne : Pension de jeunes demoiselles. *A la Renommée des bonnes langues.*

1. Le mot est le *papier*.

Une enseigne de marchand de ferrailles, au passage du Dragon portait : *Au Juste pris*. Le tableau représentait un saint attaqué et pris par d'affreux bandits.

Le Chat qui *pèche*, est un chat qui fait la faute de ronger un fromage.

Le Vert galant; ce n'est pas Henri IV, c'est un gobelet, un verre orné de guirlandes de fleurs.

Les Deux Amis sont deux A rangés sur la même ligne.

Les Trois Forbans, qui vous annoncent la mer et des pirates, sont trois escabeaux de bois solidement construits. Trois forts bancs.

Au Bon Coing est l'enseigne d'un marchand de vin, au coin d'une rue.

On a remarqué dans Paris une enseigne ainsi conçue : T....., culottier de la reine.

On lisait sur une autre, en 1811 ; B....., chirurgien-accoucheur de la grande armée.

Et sur une autre, rue Dauphine : Grégoire, tailleur d'hommes.

Dans la rue Chartière, près du Collége de France, on lisait sur la porte d'une maîtresse d'école qui venait de déménager : Madame Prudent est maintenant enceinte du Panthéon.

Aux *Trois sans hommes*, à Arras, est un rébus au-dessous d'un tableau où sont trois femmes seules.

On disait, dans le même sens, que l'église de Saint-Denis, qui avait cinq clochers, avait cinq clochers et quatre sans cloches.

ENSEIGNER

Un homme s'était piqué jusqu'au sang de la pointe d'une grosse alêne. C'était un cordonnier. — Le voilà devenu professeur, dit un plaisant.— Et comment cela? s'écria un témoin intrigué. — Mais, riposta le farceur, il s'est piqué et il *en saigne*.

ENTENDRE

Dans une audience où l'on faisait beaucoup de bruit, le juge dit :

— Huissier, imposez silence; il est étrange qu'on fasse tant de bruit. Nous avons jugé je ne sais combien de causes sans les entendre.

ENTERRER

L'ancien usage de l'Académie était que le directeur fît les frais d'enterrement de ceux de ses confrères qui décédaient sous son directorat. Corneille mourut dans la nuit du jour où Racine devait succéder au directeur Lavaux. Il y eut entre eux un combat de générosité. Lavaux prétendait qu'étant encore directeur au moment où Corneille avait expiré, il devait payer les frais d'inhumation; Racine soutenait que cet honneur lui était dévolu, puisque l'inhumation n'avait eu lieu que le jour qu'il avait été installé directeur. Lavaux l'emporta; ce qui fit dire à Benserade : — Lavaux a enterré Corneille; mais personne plus que Racine n'était fait pour l'enterrer.

ENTRE DEUX

Un bon maire de campagne se trouvait à table à Paris, entre deux jeunes étourdis qui cherchaient à le persifler. — Je vois bien, Messieurs, dit-il, que vous voulez vous moquer de moi; je ne suis pourtant pas tout à fait un sot ni un fat, je suis entre les deux.

ENTRER

Un vétéran de l'armée de Condé montrait un jour à Martainville un sonnet commençant par ce prétendu vers :

« Marie-Thérèse dont les vertus... »

— Le début est heureux, dit Martainville; mais malheureusement Marie-Thérèse ne peut pas entrer dans un vers. — Monsieur, répartit le vétéran, je vous croyais bon royaliste, mais je me suis trompé. Vous saurez, pour votre gouverne, que Marie-Thérèse peut entrer partout.

Le comte de C., qui connaît beaucoup Vienne, racontait un fait qui prouverait la bonhomie des soldats de police de la capitale de l'Autriche.

La consigne leur avait été donnée d'arrêter tous ceux qui, après une certaine heure, feraient du tapage ou chanteraient trop bruyamment *en rentrant chez eux*. Le comte revenait de l'Opéra; il fredonnait assez haut un des airs qui lui avaient plu. Une patrouille le rencontre, lui défend de chanter ainsi, et lui rappelle qu'il faut *rentrer* chez soi paisiblement et sans bruit.

— C'est juste, dit le comte; mais je *ne rentre pas*.
— Oh! alors, c'est différent, dit le chef; et votre excellence peut faire ce qu'elle voudra.

Ce trait, que nous empruntons au *Journal des anecdotes*, qui ne paraît plus, ne vous rappelle-t-il pas la naïveté de ce bon Suisse, à qui on avait donné en garde une porte du palais de Versailles, avec défense de laisser personne *entrer dedans*. Un grand seigneur, qui ne devait pas être compris dans l'exclusion générale, et qu'on attendait, se présente. Le Suisse barre le chemin. — Mais j'ai droit d'entrer. — Point, mon sir. — Mais je suis le prince de Poix. — Quand vous seriez le roi des haricots, vous point entrer dedans. — Mais qui vous parle de cela? dit le gentilhomme intelligent. Je ne veux pas entrer, je veux sortir dedans. — Sortir dedans? mon sir; ah! c'est autre chose. Allez.

Et le grand seigneur sortit dedans.

—Quand est-ce que les chiens entrent dans l'église? — Quand la porte est ouverte.

ENVIEUX

Il y a des marchands en vieux qu'on n'évite pourtant pas et qui ne se confessent pas du péché d'envie; ce sont les fripiers.

ENVOYER

Un paysan fin matois, qui avait reçu d'un avoué quelque bon conseil, avait promis de lui envoyer un lièvre. L'homme de loi, ne voyant rien venir, va chez le paysan, et lui demande quand il compte tenir sa promesse. — Comment! monsieur, le lièvre n'est pas encore arrivé? — Non. — C'est étonnant! je vous l'ai pourtant envoyé hier. Je l'ai aperçu au bout de mon champ, et je lui ai crié: Va-t-en vite chez mon avoué.

ÉPICIERS

En temps de moisson, on voit en campagne des masses d'épis sciés, dont beaucoup sont en bottes.

Nos pères avaient mis l'esprit pointu dans leurs enseignes. On voyait encore, il y a quelques années, au boulevard du Temple, à Paris, au-dessus d'un magasin d'épicerie, une enseigne qui représentait un champ de blé où un homme sciait un épi; au-dessous on lisait : *A l'Épi scié*.

ÉPICTÈTE, ÉPICURE

Louis XV demandait, dit-on, au marquis de Bièvre de quelle secte de philosophes étaient les puces? Il répondit : — De celle des piqûres. — Et les poux? — De celle des pique-têtes.

ÉPIGRAMME

Certain ministre avait la pierre,
On résolut de le tailler ;
Chacun se permit de parler,
Et l'on égaya la matière.
— Mais comment, se demandait-on,
A-t-il pareille maladie?
— C'est que son cœur, dit Florimon,
Sera tombé dans sa vessie.

ÉPOUVANTABLE

On complimentait la femme d'un homme de lettres en disant qu'elle avait un époux vanté.
— Ce n'est que justice, répondit-elle; car il est époux vantable.

ÉPOUVANTÉ

Un jeune homme allait épouser une beauté. On lui dit : — Vous épousez une femme charmante, dont vous serez bientôt époux vanté.

ÉPOUX LAID

Un mari, peu favorisé des dons de la nature, crut voir un calembour insultant dans une parole de sa femme, qui disait qu'elle n'aimait pas les poulets.

ESPRIT

— C'est agréable d'avoir de l'esprit, dit Alcide Tousez, on a toujours quelques bêtises à dire.

ESTROPIÉ

Un homme était blessé à la main. — Vous êtes estropié, lui dit-on. — Non pas, répondit-il, je suis estromain.

ÉTAIN

Les Parisiens, en apprenant la mort de Pothier, ont fait cette exclamation ingénieuse : — Voilà un potier d'éteint !

ÉTAMAGE

— Quelle est la place de Paris où les chaudronniers ne peuvent pas étamer ?

— C'est la place Vendôme. On y lit en effet en grandes lettres : *État-major de la place.*

ÉTATS

Louis XIV disait au duc de Vivonne : — Ne trouvez-vous pas surprenant que M. de Schomberg, qui est né Allemand, se soit fait naturaliser Hollandais, Anglais, Portugais et Français ? — Sire, répondit le duc, c'est tout simplement un homme qui essaie de tous les États pour vivre.

ÉTÉ

On boit tant de thé en hiver dans les soirées de Londres, qu'on a dit que les Anglais faisaient de l'hiver la saison des thés.

ÉTENDRE

— Quel rapport y a-t-il entre un morceau de beurre frais, un avocat et un paresseux?

— C'est que le premier s'étend sur du pain, le second sur son sujet et le troisième sur son lit.

ÉTRILLE

Un palefrenier se présentait comme choriste à l'Opéra, parce qu'on lui avait dit qu'il était fort dans *les trilles*.

EU

On prétend que cette ville est celle où l'on fait le plus d'omelettes.

On dit que son maire rougit toutes les fois qu'il est obligé d'exprimer sa fonction.

EUX

Les cuisiniers font acte d'orgueil quand ils prétendent qu'on ne peut pas faire d'omelettes sans *œufs*.

EXÉCUTIF

Quand l'Assemblée constituante eut restreint, comme on sait, l'autorité royale de Louis XVI, on fit cette épigramme :

> Entre savants, quelquefois on dispute.
> D'où vient ce nom : *pouvoir exécutif*
> Que donne au roi le corps législatif?

Eh! le voici : trop faible pour la lutte,
C'est un pouvoir, hélas! qui s'exécute.

EXERCICE

Louis XIV raillait le duc de Vivonne sur son embonpoint excessif, en présence du duc d'Aumont qui n'était pas moins gros, et lui reprochait de ne point faire assez d'exercice. — Sire, répondit Vivonne, c'est une médisance; il n'y a point de jour que je ne fasse au moins trois fois le tour de mon cousin d'Aumont.

EXPOSITION

On a dit, à propos de l'exposition universelle de Londres, que ce qu'il y avait de plus exposé au Palais de Cristal, c'étaient les poches des visiteurs.

EXPRESSIONS

Fontenelle se trouvant à table avec deux jeunes poëtes avantageux, il fut beaucoup question au dessert des différentes manières d'exprimer la même chose en français. Nos deux étourdis lui demandèrent, sur le ton badin, s'il était mieux de dire : Donnez-nous à boire, qu'apportez-nous à boire. Fontenelle leur répondit en souriant : — Vous devez dire : menez-nous boire.

F

Les lettres les plus embarrassantes sont les lettres F A C.

FACÉTIES

Un huissier qui voulait faire une chanson n'accoucha que du premier vers, et il demandait si la rime était bonne.

On voulait marier un épicier avec sa jeune tante. — Je ne le veux pas, dit-il; car si j'épousais ma tante, je serais mon oncle.

— Le pavé est bien fier, disait un bonhomme qui, par le verglas, s'était laissé tomber. — Je ne le trouve pas fier du tout, dit un autre, car voilà trois fois déjà qu'il me baise le derrière.

On demandait à un homme un peu distrait : — Quel jour est-ce demain?... — Ma foi, je ne vous dirais pas trop; tout ce que je sais, c'est que c'est aujourd'hui samedi.

Un homme riche, qui s'était marié trois fois, ayant perdu sa troisième femme, répondit à quelqu'un qui lui proposait une fort aimable demoiselle en quatrième noce : — J'accepte volontiers la demoiselle, même sans dot, pourvu que vous fassiez stipuler dans le contrat qu'elle ne mourra pas; car je suis las d'épouser des femmes qui meurent.

On présenta à un maire de village, dans les premiers temps où l'état civil fut confié à ces officiers ministériels, un enfant de trois ans, qu'on avait négligé de faire inscrire sur le registre communal. Le maire écrivit : « Aujourd'hui est né de légitime mariage un enfant âgé de trois ans.... »

Une dame marchandant une chaise percée en offrait trop peu. Le bahutier, pour l'engager davantage, la priait de considérer la bonté de la serrure et de la clef. — Pour ce qui est de cela, dit la dame, je n'en fais pas grand cas, car je n'ai pas peur qu'on me dérobe ce que j'ai dessein d'y mettre.

GYBLOTTE. — Si j'ai été obligé de quitter le poste, ce n'est pas ma faute, je ne pouvais plus y revenir.

LE PRÉSIDENT. — Pourquoi?

GYBLOTTE. — J'étais cuit. (Rires.) J'étais rôti à point comme un jeune dindonneau au sortir de la broche. (Rire général.)

LE PRÉSIDENT. — Comment cela?

GYBLOTTE. — Imaginez-vous que j'avais appris que l'on faisait des portraits à la minute au daguerréotype. Comme j'éprouvais le désir de me faire dessiner en garde national, je profitai de l'occasion de ma garde pour me rendre chez l'artiste, je m'esquivai du poste.

LE PRÉSIDENT. — Vous avez eu tort.

GYBLOTTE. — J'en suis bien puni. — Monsieur, lui dis-je, faites-moi mon portrait.

— Voilà! Monsieur, me répond l'artiste. Mettez-vous le nez au soleil et ne bougez pas. (Rire général.) Je me plaçai au vis-à-vis de cet astre, et je le regardai en face... ce qui du reste ne laisse pas d'être fort gênant. (Nouveaux rires.) Lorsque j'eus demeuré dix minutes dans cette attitude, que je prendrai sur moi de nommer incommode, je sentis que ma peau se gonflait par la chaleur... Je devenais croustillant. (Rire général.)

8.

— Monsieur, dis-je à l'artiste, est-ce fini ? — Pour l'amour de Dieu, ne tournez pas la tête, me répondit-il; votre portrait sera ressemblant comme deux gouttes d'eau. Des gouttes d'eau, il ne m'en manquait pas sur le visage... Je demeure encore un quart d'heure au soleil; je roussissais à vue d'œil, je sentais mes sourcils qui grillaient comme les plumes d'un poulet flambé. — Monsieur, dis-je alors au peintre par le daguerréotype, je renonce à votre procédé; je ne veux pas être peint dans l'attitude d'un rôti. (Hilarité générale.) Veuillez me rendre mon chapeau. — Monsieur, dit cet homme, si vous vouliez rester encore une petite minute, vous seriez frappant... — Frappant ! m'écriai-je, c'est-à-dire que je serais à l'étuvée : je sors d'en prendre. Et, en disant cela, je me traînai à mon domicile, où je me couchai.

Le président. — Pourquoi ne pas revenir au poste ?

Gyblotte. — Parce que je serais tombé en ruine. Je parie que l'on m'aurait enlevé un bras ou une jambe rien qu'en me posant la fourchette dans le dos.

Le président condamne le délinquant à une garde hors de tour, et lui recommande de se méfier à l'avenir des portraits à la minute.

Gyblotte. — Quand j'y retournerai, il fera ch... non, il fera froid. (Rire général.)

— Un diseur d'anecdotes raconte les facéties suivantes :

« J'ai lu autrefois, dans les Mémoires de M. le maréchal de ***, qu'il examinait toujours le soir ce qu'il avait dépensé le jour; et comme il avait donné cent écus au maître d'hôtel qui le servait, pour faire la plus grande chère qu'il pourrait à sept ou huit personnes de l'un et de l'autre sexe, et de qualité, ce maître d'hôtel lui porta ses comptes, lorsqu'il était près de se coucher. Dans son mémoire, il ne trouva que quatre-vingt-dix écus pour la dépense du repas, et M. le maréchal lui dit après l'avoir lu : « Faites que le compte « soit juste, si vous voulez que je l'arrête. » Le maître d'hôtel descendit au même instant, rapporta le compte après avoir ajouté au bas : « *Item*, dix écus pour faire « les cent écus. »

Le savant Bouilleau, que son père, procureur, envoyait étudier à Paris, fit un mémoire pour rendre compte des dépenses qui avaient employé l'argent qu'il avait reçu. Il exagéra par plus de soixante *item* jusqu'aux moindres minuties, et, comme il n'y trouvait pas encore son compte, il mit au bas d'un article : *Item, mon père, il faut vivre.* »

— « Je suis si malheureux, disait Saint-Péraire, que si je me faisais chapelier, personne n'aurait plus de tête. »

— « Au 15 septembre 1848, *je paierais* à M. Coquardeau la somme de trois cents francs. »

— Après?

— Eh bien! payez-moi, c'est aujourd'hui le 15.

— Impossible, je n'ai pas d'argent.

— Que m'importe! vous m'avez souscrit un billet.

— C'est vrai ; mais il y a un *s* à *je paierais*.

— Après, Monsieur?

— Après?... vous n'êtes pas fort : l'*s* indique le conditionnel, par conséquent, je ne vous paie pas, puisque c'était à condition... que j'aurais de l'argent.

— Quelqu'un, à Paris, pour se moquer d'un provincial, cherchait à lui faire des questions singulières. Il lui demanda, un jour, en compagnie : « Qu'est-ce qu'une obole, une faribole et une parabole?» Le provincial, sans se déconcerter, lui répondit : « Une parabole est ce que vous n'entendez pas; une faribole, ce que vous dites; une obole, ce que vous valez. »

LE PÈRE COUPE-TOUJOURS.

LE JUGE, au marchand de galette. — Vous avez fait assigner le sieur Bazoteau. Qu'avez-vous à dire?

LE MARCHAND DE GALETTE. — J'ai à dire de lui que c'est indigne. Voilà ce que j'ai à dire.

LE JUGE. — Mais, encore, expliquez-vous.

LE MARCHAND DE GALETTE. — Ah! mon Dieu! c'est tout expliqué; monsieur est cause que j'ai perdu toutes mes pratiques... Voilà tout... Il me semble que c'est bien assez, cristi!

BAZOTEAU. — Allons donc! vous voulez rire.

LE MARCHAND. — Du tout, du tout... Moi, un des principaux marchands de galette du boulevard...vous m'avez mis dans le pétrin. (Rire général.)

LE JUGE. — Comment cela?

LE MARCHAND.—Monsieur est fabricant de lunettes... J'avais perdu les miennes, il m'en fournit... Et v'lan! comme par enchantement, voilà toutes mes pratiques qui filent chez le marchand d'à côté.

LE JUGE. — Mais, enfin, pourquoi?

LE MARCHAND. — Pourquoi! Parce que depuis ce moment je suis là à me croiser les bras et les jambes comme un commissionnaire; je chauffe mon four, je mets la main à la pâte, j'aiguise mes couteaux, et moi, *père Coupe-Toujours*, je ne coupe plus rien du tout. Voilà pourquoi. (Longue hilarité.) Du reste, en voici la raison.

Le juge. — Ah! c'est bien heureux.

Le marchand. — Monsieur, que voilà, au lieu de me fournir du petit zéro, qui est mon numéro, m'a mis des verres grossissants, oh! mais grossissant au point que je trouvais les plus petits morceaux toujours trop gros, et que je finissais par ne plus rien donner du tout de pâte ferme pour deux sous... (Rire général.)

Bazoteau. — Ah! c'est pour ça?

Le marchand. — Vous pensez bien que ce n'est pas le moyen de faire son beurre ; aussi je suis bientôt resté sur le flanc. (Rire.) On ne m'appelait plus que le *père Coupe-Trop-Court*. (Rire général.)

Bazoteau. — Ça ne me regarde pas, c'est votre femme qui m'a demandé les verres que j'ai mis. Elle trouvait que vous serviez trop largement la pratique.

Le marchand. — Elle est bien avancée, à présent que je ne la sers plus du tout. (Nouveaux rires.)

Pour comble de malheur, Bazoteau est renvoyé de la plainte, et le marchand de galette est condamné aux dépens.

Le père Coupe-Toujours a sa femme. — Chaud! chaud! là, j'espère que vous m'en faites avaler... des brioches... Pour une marchande de galette, madame mon épouse, vous êtes une fameuse galette. (Longue et vive hilarité.)

— En creusant des fondations à Écouis (Eure), on a trouvé un squelette et deux crânes dans un même tombeau. Les archéologues ont prétendu que le squelette était celui de Pierre III de Roucherolles, seigneur d'Écouis; mais comment expliquer les deux crânes? Le sieur P. a découvert une solution ; il a mis les deux crânes sur un rayon de sa bibliothèque, et il explique gravement aux curieux « que le petit crâne appartenait à Pierre de Roucherolles encore enfant, tandis que le plus gros était sa tête lorsqu'il fut devenu homme! »

— Un fermier écossais, qui ne savait ni lire ni écrire, et qui avait quelques épargnes, voulut faire donner de l'instruction à son fils, et l'envoya dans un pensionnat d'Édimbourg. Après y avoir passé deux années, le jeune homme revint chez ses parents, et rentra dans la ferme au moment où son père et sa mère se mettaient à table devant un plat de viande et un plat de légumes.

Après les embrassements d'usage, le fermier dit à son fils, tandis que la mère préparait un troisième couvert : — Eh bien! garçon, as-tu bien employé ton temps? — Es-tu devenu savant là-bas? — Oh! que oui, père, répondit l'écolier avec suffisance. — Sais-tu compter, surtout, garçon? — J'étais le plus fort en arithmétique, répondit encore le jeune drôle, et je puis vous donner la preuve que je sais faire des comptes que ne feriez pas vous-même. — Je ne dis pas non... Mais voyons la preuve de ton savoir. — Voilà : Combien croyez-vous avoir de plats sur votre table? — Deux, répondit le père : un plat de mouton, un autre de pommes de terre. — Eh bien! vous vous trompez... Il y a trois plats sur votre table. — Pardi je serais aise d'entendre ton raisonnement à l'appui de ce compte-là. — Rien de plus facile; nous disons : plat de mouton, ça nous fait un; plat de pommes de terre, ça nous fait deux; j'additionne, et je dis : un et deux font trois. — C'est juste, dit le fermier. Pour lors, je vais manger un plat, ta mère mangera le second, et toi tu mangeras le troisième en récompense de ton savoir.

— On lisait dans un journal de 1848 :

« En entendant les crieurs hurler sur le boulevard : *Le Journal*, par Alphonse Karr et son supplément, on se demandait naturellement si ce supplément était l'associé de M. Alphonse Karr, ou tout simplement une double feuille de papier. Cette tournure de phrase nous rappelle l'embarras de ce brave homme, propriétaire d'un bain sur la Seine, qui passa toute sa vie à rédiger l'enseigne de son établissement et n'y put jamais parvenir. Il avait d'abord trouvé *Bains à quatre sols pour les femmes à fond de bois.* Mais il vit qu'on riait : il changea en *Bains à fond de bois pour les femmes à quatre sous.* On rit encore plus, ec sa clientèle, se trouvant insultée, l'abandonna ; il mourut de désespoir de n'avoir pas pu rédiger son enseigne convenablement. »

— J'ai lu autrefois, dans une publication périodique, intitulée avec un peu de vanité *Recueil encyclopédique belge*, une page singulière, intitulée *Pensées sur l'homme.* Il m'a semblé tout d'un coup que ces pensées avaient été écrites par un homme marin. Vous allez juger comme c'est liquide :

Première pensée : « Vois le *ruisseau* ; il fuit... ; enfin il va se perdre dans la *mer.* » N'est-il pas vrai que c'est là un début très-mouillé ?

Deuxième pensée : « Un *océan* d'amertume environne l'esprit de l'homme, comme l'immensité des *eaux* enveloppe la terre. » C'est encore de l'humidité.

Quatrième pensée : « L'oubli passe l'*éponge* sur le nom de l'égoïste. » On voit que l'auteur est un homme qui se débarbouille.

Cinquième pensée : « Le présomptueux s'embarrasse dans ses paroles, comme le *poisson* dans les filets ; ils se prennent l'un et l'autre à l'*hameçon*. » Le penseur, à coup sûr, vit dans l'eau.

Dans la sixième pensée, il compare l'espérance aux feux follets qui naissent dans les marécages; et il n'y a que huit pensées.

Quand je vous disais que l'auteur est un homme marin ! Il a signé ; et il s'appelle *De la Flotte*.

>Non loin du camp, la nuit, après certaine attaque,
> Un soldat se mit à crier :
> — Amis, j'ai fait un prisonnier,
> Et je le tiens; c'est un Cosaque
> Qui de son régiment vient de se détacher.
> — Amène-le vers nous. — Mais il fait résistance.
> — En ce cas, viens sans lui. — C'est bien à quoi je pense,
> Mais il ne veut pas me lâcher.
>
> E. ARNAL.

Aux élections de 1848, deux candidats étaient en présence à Pithiviers : MM. Lejeune et Deloines.

Deux auberges se disputaient les électeurs partagés entre ces deux candidatures.

Sur la porte de l'une d'elles on avait écrit ces vers :

> Votez tous pour monsieur Deloines.
> Vous serez gras comme des moines

Et sur l'autre :

> Ceux qui voteront pour Lejeune.
> Ne connaîtront jamais le jeûne.

—Boulvot, originaire d'Éclavolle (Marne), ayant pour le quart d'heure son domicile à Romilly-sur-Seine, est arrêté par le gendarmerie de Saint-Aubin en flagrant délit de mendicité. Conduit devant M. le procureur du roi de Nogent-sur-Seine. Boulvot prétend que, loin de l'inquiéter, on devrait lui décerner une médaille. — Depuis plus de dix ans, dit-il, je ne suis occupé qu'à poursuivre l'extinction de la mendicité. — Comment, en mendiant?... — Eh! sans doute, mon procureur: on m'arrête; n'est-ce pas un mendiant de moins?...

— Un riche bourgeois marchandait dernièrement, avec son fils, une carte de France dans la boutique d'un libraire. Le fils, voulant s'assurer de l'exactitude de cette carte, y cherchait Moscou, et témoignait à son père son étonnement de ne pas l'y trouver. « Comment, lui répondit celui-ci, peux-tu chercher cette ville sur la carte! Tu devrais bien savoir qu'elle a été brûlée. »

— Le duc de Pembroke nourrissait un nombre considérable de porcs à la terre de Witthsire. Traversant sa basse-cour, il fut surpris de les voir rassemblés autour d'une auge et faisant un bruit affreux. La curiosité le porte à examiner quelle peut en être la cause; il s'approche et aperçoit dans l'auge une cuiller d'argent. Dans ce moment arrive la cuisinière, fort étonnée de tout ce bruit: « Sotte que vous êtes, lui dit Sa Seigneurie, ils ont raison de grogner, les pauvres animaux! vous ne leur avez donné qu'une cuiller pour eux tous. »

Indécis autant qu'incertain,
Entre vos attraits et vos charmes,
Du sort je brave le destin
Et mêle mes pleurs à mes larmes.
Mon cœur ne saurait être heureux
Dans le veuvage de mon âme,
Et je ne connais que mes feux
Qui puissent égaler ma flamme.

Dans un des arrondissements du Havre, un candidat ministériel venait d'être repoussé avec perte du collége électoral. Son perruquier, appelé pour lui faire la barbe, s'arrête tout à coup, l'examine avec attention, et lui déclare qu'il ne veut plus dorénavant le raser au même prix, attendu qu'il lui trouve la figure beaucoup plus longue que par le passé. Ce fonctionnaire allait se fâcher, lorsqu'il sentit qu'il valait mieux prendre du bon côté la plaisanterie du facétieux barbier : « Vous pouvez, lui répondit-il, me raser à bon marché, car on vient de me faire la queue pour rien. »

      Un jour qu'il était nuit,
Tout debout éveillé, je dormais dans mon lit,
      Quand la foudre en silence
Par un éclair obscur m'annonça sa présence.
      Nul ne bouge, tout fuit;
Le marbre épouvanté reste froid comme glace;
Le muet ne dit mot, le sourd n'entend plus rien;
Soudain la terre tourne, on n'en sent pas la trace;
Le cerf devient craintif, et devançant le chien
Il s'élance et bondit; quoiqu'il change de place,
Bientôt il est le prix de celui qui le chasse.
      Mais ce muet fracas
Me fit voir, en dormant, que je ne dormais pas.

Un Parisien qui se trouvait avec sa femme dans le convoi du chemin de fer, lors de l'épouvantable catastrophe du 8 mai 1842, se sauva par miracle ; sa femme y resta et périt. Notre homme revint chez lui, mais il s'aperçut en rentrant qu'il avait perdu son parapluie ; il alla sur-le-champ le réclamer à la préfecture de police. — On ne l'avait point retrouvé.— Quand il raconte cette histoire, il ne manque jamais de dire :

« J'y ai perdu ma femme et mon parapluie; un parapluie tout neuf. »

— Un directeur de spectacle de province écrivait à son correspondant à Paris : « J'ai reçu par le bateau à vapeur la neige et la gelée que vous avez chargées pour moi. Elles sont très-fraîches; mais il manquait une aile à Zéphire, et le tonnerre ayant crevé en route, j'ai été forcé de le faire ressouder : les éclairs, les deux fleuves et la mer qu'on avait mis dans le panier de derrière la diligence, ont souffert de la chaleur. Notre père noble ayant fait un trou à la lune, je n'ai pu m'en servir. Envoyez-moi un torrent, car le mien a été brûlé : joignez, je vous prie, à l'envoi que vous me ferez, mon manteau et une forteresse. Je ne pourrai pas ouvrir avant huit jours, car mon petit amour a la coqueluche, mon jeune premier a la goutte, et ma duègne vient d'être vaccinée. »

FAÇON

Je vais vous dire ma façon de penser. — Dites-moi simplement votre pensée; je ne tiens pas à la façon.

FAGOTS

Des économistes du dernier siècle vantaient dans une société la moderne philosophie.

— Quel bien a-t-elle donc fait?... demanda une dame.

— Les philosophes, Madame, répondit d'Alembert, ont abattu la forêt des préjugés.

— Je ne suis plus surprise, répliqua cette dame en riant, que vous nous débitiez tant de fagots.

FAIM

Quelle est l'occupation qui commence par la fin? — Un repas.

Au commencement d'un grand festin, où tout le monde dévorait sans rien dire, un convive s'écria : — Que signifie ce silence ? — Il annonce la faim du monde, répondit un autre.

FAIRE

Un musicien assez mal vêtu disait en parlant de sa voix, dont quelqu'un faisait l'éloge : — Il est vrai que j'en fais ce que je veux. — Ma foi, Monsieur, lui dit un plaisant, vous devriez bien vous en faire une culotte.

Un médecin anglais, se promenant un jour dans un jardin de M. Hamilton à Cobham, lui exprima son étonnement de la crue prodigieuse de ses arbres. — Monsieur le docteur, reprit Hamilton, songez donc qu'ils n'ont pas autre chose à faire. »

Le Mariage du Poussin est le moins bon tableau des sept sacrements de ce peintre : Tant il est vrai, disait l'abbé Desaleurs, qu'il est difficile de faire un bon mariage, même en peinture.

Un observateur froid demandait, à propos de la révolution de 1789 : Qu'a-t-elle donc fait? Un autre lui répondit : Elle a beaucoup défait.

Un Gascon sur une rosse tremblante rencontra, près le Pont-Neuf, un seigneur qui montait un cheval magnifique : — Cadédis, lui dit-il, jé gage dix louis qué jé fais faire à mon bidet cé qué lé votre né féra pas.
— Oui, je gage, dit le seigneur, en regardant d'un air

de mépris le rossinante. Aussitôt le Gascon prend son cheval dans ses bras, et le jette dans la Seine ; le gentilhomme fort étonné paya la gageure.

Un garçon boucher écrivait à son père : « Je profite avec empressement de l'occasion de la poste pour vous apprendre que j'ai un état. Dans un mois il y aura six semaines que je suis garçon boucher. Mon maître est très-content de moi ; il m'a déjà fait tuer deux ou trois fois, et il me fera écorcher à Pâques. »

Pétition de Sans-Culottes du faubourg Saint-Antoine à l'Assemblée nationale :

> Ah ! que nous serions satisfaits,
> Si, toujours patriotes,
> Au lieu de faire des décrets,
> Vous faisiez des culottes.
>
> (*Suivent les signatures.*)

Un acteur des boulevards voyant, au Musée de l'artillerie, l'armure du roi François Ier, demanda à l'employé sous quel règne ce conquérant faisait ses exploits.

— Il faisait sous lui, répondit l'employé.

Le maréchal de... menait des dames à l'Opéra ; mais toutes les loges avaient été retenues. Comme il en vit une remplie par un domestique qui la gardait pour un bourgeois, il obligea le domestique de sortir et fit entrer sa compagnie dans la loge. Le bourgeois arriva peu de temps après avec des dames, et fut piqué, comme on le pense bien, de cette violence. Force lui fut néanmoins de céder pour le moment ; mais le lendemain, il fit assigner son rival devant le tribunal des maréchaux de France, et plaidant lui-même sa cause, dit : « Qu'il était bien malheureux d'être obligé de se plaindre de l'un d'entre eux, qui de sa vie n'avait pris que sa loge ; » et demanda justice. Le président lui répondit : « Vous venez de vous la *faire*. »

A une partie de thé chez mistress Thrale, au moment où la compagnie était engagée dans une conversation très-animée, la belle hôtesse, qui avait été faire son thé à l'office, oublia de mettre dans la théière la chose principale, c'est-à-dire du thé. Le docteur Johnson en fit l'observation le premier, et lui dit : — Mistress Thrale, il est possible que dans votre imagination vous croyez avoir été faire du thé, mais l'opinion de vos amis est que vous avez été faire de l'eau.

FAIRE VOIR

Un maquignon, vendant un cheval, dit à l'acheteur : — Monsieur, faites-le-voir ; je le garantis sans défaut.

Ce cheval se trouvant aveugle, l'acheteur voulut obliger le maquignon à le reprendre. Mais celui-ci soutint qu'il ne pouvait pas l'y contraindre, puisqu'il l'avait averti de son infirmité, en disant : — Faites-le voir ; je le garantis sans défaut.

FAIRE PARLER DE SOI

Un membre de l'Académie de Soissons en racontait un jour toutes les prérogatives ; il finit par dire qu'elle était la fille aînée de l'Académie française. Voltaire, qui l'écoutait, lui dit : — Assurément, c'est une bonne fille ; car elle n'a jamais fait parler d'elle.

FAIT AU MOULE

C'est une scène du conseil de discipline de la ci-devant garde nationale.

LE PRÉSIDENT. — Voici un rapport qui annonce que vous avez manqué pour la troisième fois votre faction. Très-exact du reste, vous passez régulièrement une partie de la journée au poste ; mais quand vient l'heure du dîner, vous disparaissez pour ne plus revenir. Avant-hier encore, cela vous est arrivé. Vous passez donc tout votre temps à table ?

JUPIN. — C'est vrai, mais en voici la raison. Avant-hier je suis allé dîner avec un ami, nous avons mangé des moules, et ça nous a fait enfler (rire). Dame ! que voulez-vous, je ne suis pas fait *aux moules* (longue hilarité).

LE PRÉSIDENT. — Et l'avant-dernière fois, faut-il encore accuser les moules ? Non, je crois qu'il faut accuser le vin de Champagne. Il paraît que vous l'aimez beaucoup, et en voici la preuve. C'est une lettre de vous adressée à votre commandant, que je vais soumettre à l'approbation du conseil. On verra qu'une lettre semblable n'est pas faite de sang-froid. Le sans-gêne de cette dépêche explique l'excuse maladroite d'un convive plus que joyeux qui déserte plutôt le poste que la salle du festin. (Ici M. le président fait passer sous les yeux du conseil la lettre adressée par le sieur Jupin. Nous transcrivons cette lettre qui, probablement à défaut d'autre papier, se trouve tracée sur un feuillet détaché de la carte du restaurant) :

« Mon cher camarade et commandant du
    Fricandeau à l'oseille.
poste. Je suis retenu à dîner par un brave
    Dindon aux truffes.
de mes amis, et je vous prie de ne pas compter sur une
    Mauviette

faction que je dois, d'après l'ordre, monter ce soir au
Vol-au-vent.
drapeau. Du reste je vous dirai que je me
Riz de veau sauce tomate.
corrigerai. Et buvant du champagne à votre santé, je suis, mon cher,
Turbot.
votre fidèle camarade qui dépose à vos
Pieds de veau.
genoux sa position de récalcitrant, tout en vous priant de compter sur une
Morue hollandaise.
amélioration dans le service que je dois à la
Limande.
patrie.

Signé : JUPIN. »

Merlan au gratin.
Jupin est condamné à une garde hors de tour.

FARDEAU

Mme de Pompadour avait un pied-à-terre près de Ménars-le-Château, où l'architecte Hupeau lui rendit visite un jour. Il était triste ; il venait de terminer le pont d'Orléans, et mille bruits défavorables couraient sur la solidité de son œuvre. Pour fermer la bouche aux médisances, il osa proposer à la favorite de traverser son pont dans son carrosse à six chevaux. Mme de Pompadour accepta, et, l'épreuve ayant réussi, on dut se taire ; mais les bavards, ne pouvant plus parler, rimèrent l'épigramme que voici :

Censeurs de notre pont, vous dont l'impertinence
    Va jusqu'à la témérité,

> Hupeau, par un seul fait, vous réduit au silence.
> Bien solide est son pont ; ce jour il a porté
> Le plus lourd fardeau de la France.

Mme de Pompadour lut l'épigramme ; et, afin de ne plus repasser sur ce pont, elle fit changer la direction de la route.

FATALITÉ

On attribue à Boileau ce faible calembour. On lui disait qu'un homme dont il méprisait la fatuité était tombé malade. — Quelle fat alité ! se serait écrié l'auteur de la satire contre l'équivoque. — Mais nous ne le croyons pas.

FAUTES CONTRE LA LANGUE

Un incendie dévora, en 1763, la salle de l'Opéra. Quelques heures après l'événement, une grande dame, rencontrant Sophie Arnould, lui dit d'un air effrayé : « Mademoiselle, racontez-moi ce qui s'est passé à *cette* terrible incendie. — Madame, lui répondit l'actrice, tout ce que je puis vous dire, c'est qu'incendie est du masculin. »

FAUTES D'IMPRESSION

On lisait un matin, dans le *Journal du Havre*, à l'article *Angleterre* :

« A un repas diplomatique donnée par lord Aber-
« deen, on distinguait entre autres mets, sur la table
« de l'illustre amphitryon, plusieurs plats de *seringues*
« à la crème. »

La lecture de cet article nous laisse vraiment dans une affligeante incertitude.

Est-ce une excentricité gastronomique, ou bien une distraction typographique?

Dans tous les cas, le mal est maintenant sans *remède*.

Dans un livre où on louait les vertus d'une femme, l'auteur disait qu'elle occupait activement ses moments de loisir à tricoter. Le typographe mit une *f* à la place du premier *t*. Et comme à la nouvelle édition on voulut corriger la faute, cette fois on écrivit tripoter.

> Si vous lisez dans l'épitaphe
> De Fabrice qu'il fut toujours homme de bien,
> C'est une faute d'orthographe ;
> Passant, lisez homme de rien.
> Si vous lisez qu'il aima la justice,
> Qu'à tout le monde il l'a rendit,
> C'est une faute encor, je connaissais Fabrice :
> Passants, lisez qu'il l'a vendit.
>
> LEBRUN.

FAUX

Rameau, rendant visite à une belle dame, se lève tout à coup de sa chaise, prend un petit chien qu'elle avait sur ses genoux et le jette par la fenêtre. La dame épouvantée s'écrie : — Eh! que faites-vous, Monsieur!
— Il aboie faux, répondit Rameau avec l'indignation d'un grand musicien dont l'oreille avait été déchirée.

FAUX PAS

Le marquis de Bièvre disait d'une dame boiteuse : « Voilà une femme qui a fait bien des faux pas. »

FÉDÉRATION

Le jour de la première fédération, 14 juillet 1790, il faisait très-chaud au Champ de Mars. — Ah! disait une dame, si une bonne fée pouvait nous envoyer des rafraîchissements. — Adressez-vous, lui dit quelqu'un, à la fée des rations.

FENÊTRE

Danières disait qu'une croisée s'appelle une fenêtre, parce que c'est elle qui dans une chambre le jour *fait naître...*

FERRAILLEUR

Lorsqu'on expulsa les étalages de vieilles ferrailles du quai de la Mégisserie, à Paris, on afficha ce distique :

> Allez donc tous, vieux ferrailleurs,
> Vendre votre vieux fer ailleurs.

FÊTE

Une dame disait qu'il n'y a pas de fêtes sans lendemain. — Pardon, lui dit quelqu'un, le faîte des grandeurs peut en avoir, mais le faîte d'une maison n'en a pas.

FEUILLETÉ

En quoi les bons livres ressemblent-ils à la galette? — En ce qu'ils sont feuilletés.

FIÈVRE

Dans une chanson de madame Constance Pipelet, il y a un couplet qui exprime élégamment les divers emplois du mot *fièvre*.

> Ah! qu'il est beau pour un grand cœur
> D'avoir la fièvre de la gloire!
> C'est par sa fièvre qu'un auteur
> S'inscrit au temple de Mémoire.

On voit peu d'hommes ici bas
Avoir la fièvre du génie ;
Mais on en voit beaucoup, hélas!
Nourrir la fièvre de l'envie.

FIL

A UNE JEUNE MERCIÈRE.

Air : *J'ai vu partout dans mes voyages.*

On vante de votre boutique
L'ordre, la grâce et le bon goût ;
Pour attirer une pratique,
Avec art vous parlez de tout.
Vos manières sont si gentilles,
Vous avez un si doux babil,
Que pour bien vendre vos aiguilles,
On dit que vous avez le fil.

FLEURS (LANGAGE DES)

Nous empruntons aux journaux qui s'occupent des tribunaux la facétie qui suit; c'est une scène de la garde nationale, quand elle jouait au soldat :

LE CAPITAINE RAPPORTEUR. — M. Troupeau!

Une femme se présente et dépose un énorme bouquet sur le bureau du président. (Surprise générale.)

LE PRÉSIDENT. — Qu'est-ce que cela signifie?

LA FEMME. — Ça signifie, monsieur le président, que je suis la femme Troupeau, que mon mari m'a ordonné de vous apporter ça... il a dit que vous saviez bien ce que ça voulait dire.

LE PRÉSIDENT. — Mais pas le moins du monde. Il est fou, votre mari.

LA FEMME TROUPEAU. — Ah! mon Dieu! c'est tout

comme depuis qu'il a eu la bête d'idée de se fourrer dans une société d'horticulture... il ne parle plus qu'avec des fleurs... C'est stupide... mais en bonne épouse je dois flatter sa manie.

LE PRÉSIDENT, souriant. — Mais qu'est-ce que voulez que le tribunal comprenne...

LA FEMME TROUPEAU. — Oh! je vas vous expliquer ça, moi. Depuis un an il ne cause pas autrement avec moi; j'ai bien été forcée de comprendre; voilà ce qu'il vous dit : *La mauve* qu'est dans le bouquet signifie qu'il vous parle avec *sincérité*..... et l'*immortelle*, l'*estime* qu'il a pour vous... Le *seringa* veut dire *le regret* qu'il a d'être, par *la fleur de sureau*, malade; les sept branches de *réséda*, depuis le 7 du mois... ce qui a mis (*églantier*) obstacle à son (*mouron*) exactitude; (*guimauve*) cela soit dit sans (*pissenlit*) outrage, (*œillet d'Inde*) déguisement et avec (*giroflée*) vérité... (Ici le rire qui s'est répandu dans la salle gagne le tribunal.)

LE PRÉSIDENT, souriant. — Qu'est-ce que vous venez nous raconter là... vous abusez des moments du conseil.

LA FEMME TROUPEAU. — Dame! je vous explique son emblème à c't homme (nouveaux rires). Mon Dieu, il n'est pas malade du tout! c'est pour rester chez lui à cultiver ses fleurs. Qu'est-ce qui pourra donc le guérir de ça... j'y donnerais une fameuse récompense à celui-là... Figurez-vous, monsieur le président, que Troupeau me parle toujours ainsi. Tenez, par exemple : quand il veut que j'aille chercher le dîner, il m'envoie par la bonne une branche de cerfeuil, une gousse d'ail et une botte d'échalottes (rires bruyants.)

Au milieu de l'hilarité générale, le conseil de discipline passe outre et condamne Troupeau, garde national, à six heures de prison...

La femme Troupeau. — Vous ne pourriez pas lui en mettre vingt-quatre heures; ça m'obligerait bien. (Rires.)

Le président. — Dans quel but?

La femme Troupeau. — Eh! c'est que, voyez-vous, vingt-quatre de haricots ça pourrait bien le guérir un peu; dans tous les cas ça ne pourrait pas lui faire de mal.

Le président maintient la condamnation.

La femme Troupeau. — Allons, va pour six heures, ça lui fera peut-être du bien. Voilà cependant où conduit le fanatisme de l'horticulture. Tenez, monsieur le greffier, vous qui mettez en note les condamnations à la prison, acceptez cette fois, de ma part, cette branche de myosotis; ça veut dire : *ne l'oubliez pas* (longue hilarité.)

FOI

Un homme, se plaignant de la trahison d'un de ses amis, disait : « il manque à ce qu'il m'a cent fois promis.

— C'est justement, lui dit-on, parce qu'il vous l'a promis sans foi.

FOLIE

Nathaniel Lee, auteur de plusieurs drames, et dont la nation anglaise n'a pas assez honoré la mémoire, finit ses jours à l'hôpital des fous, à Londres. Ce fut là qu'il composa, quoiqu'en démence, sa tragédie des *Reines rivales*. Il y travaillait, une nuit, au clair de la lune. Un nuage léger en ayant tout à coup inter-

cepté la lumière, il prononça d'un ton impérieux :
« Jupiter ! lève-toi et mouche la lune. » Le nuage
s'épaississant, la lune disparut entièrement ; alors il
s'écria en éclatant de rire : « L'étourdi ! je lui dis de la
moucher et il l'éteint. »

FONDRE LA CLOCHE

A propos d'un décret de la révolution, qui supprimait les cloches pour en faire des sous :

> Rendons grâce au puissant génie
> Qui, voyant notre pénurie,
> Veut que l'on réduise en billon
> Toute espèce de carillon :
> Dès longtemps en effet tout cloche,
> Les paiements vont cahin-caha ;
> Sitôt qu'on en est réduit là,
> C'est le cas de fondre la cloche.

FORT

Deux prédicateurs prêchaient dans la même église ; celui qui prêchait le soir avait une voix très-forte. Quelqu'un dit que la différence entre le prédicateur du matin et celui du soir, c'était que le premier prêchait fort bien, et le second bien fort.

FOSSE

Potier est mort, disait un vaudevilliste, dans le café des Variétés ; j'ai vu les tentures à sa porte ; et voici Odry qui prétend que c'est une fausse nouvelle. — L'enterrera-t-on ? dit Odry. — Assurément. — Eh bien ! n'est-ce pas, comme je l'ai dit, une fosse nouvelle ?

FOURMI

Lorsque les fous, ayant recouvré leur raison, quittent Bicêtre, qu'est-ce qu'ils sont! — Guéris. — Non, ce sont des *fous remis*.

FRANC

A présent pièce de vingt sous (vieux style), autrefois nom de peuple porté par les conquérants des Gaules. Dans le *Siége de Paris* de M. le vicomte d'Arlincourt, ces deux vers furent mal compris :

>Pour chasser de ces murs les farouches Normands
>Le roi Charles s'avance avec *vingt mille francs.*

Un spectateur s'écria : « Ce n'est guère. »

FRAPPÉ

Un duel, dont les conséquences ont pensé être funestes à l'un des combattants, prit dernièrement naissance dans la réplique suivante, à une question fort simple.

— Monsieur, en lisant le premier article du journal, n'avez-vous pas été frappé?... — Frappé, monsieur? que voulez-vous dire? Croyez-vous que je sois homme à me laisser frapper?

FRISER

Comment les cochers sont-ils plus coiffeurs que les coiffeurs eux-mêmes?

— Parce qu'ils savent friser les bornes et raser le boutiques.

FRIT

Un plaisant nommé Turbot, étant près de mourir de violentes coliques, son médecin demanda de l'huile et voulut lui en faire prendre pour calmer ses douleurs.

— Ah! docteur, lui dit le malade, remportez votre huile, car le pauvre Turbot est frit.

FRUITS

Des ambassadeurs hollandais à la cour de France étaient invités à dîner chez le ministre des finances. On servit, au dessert, du fromage de Hollande. Le ministre, en l'apercevant, dit à l'un des envoyés : « Voilà du fruit de votre pays. » L'ambassadeur tire de sa poche une poignée de ducats, les jette au milieu de la salle et dit : « Ces fruits-là en sont aussi. »

En 1789 les désordres dans les spectacles commençaient déjà à devenir habituels. Il arriva un soir, au Théâtre-Français, que le parti dit patriote se battit à coups de poings dans le parterre contre le parti aristocrate, à une représentation d'*Iphigénie*; et comme on supposait que les loges étaient remplies principalement de ces aristocrates, on jeta des pommes contre plusieurs. La duchesse de Biron, qui en reçut une sur la tête, l'envoya le lendemain à M. de La Fayette en lui écrivant : « Permettez, Monsieur, que je vous offre le premier fruit de la révolution qui soit venu jusqu'à moi. »

FUIR

Une dame en visite disait à la dame du logis : « Prenez garde à votre robe, votre petite chienne *fuit*.

FUSILIER

Pendant la guerre d'Orient, les journaux ont raconté l'anecdote que voici :

« Il y a quelques jours, à Valenciennes, une vieille femme demanda à un jeune homme qu'elle rencontra dans la rue où elle pourrait escompter un bon de 100 fr. sur le Trésor, que lui envoyait son fils, militaire en Crimée. A la lecture du billet, le monsieur pâlit légèrement. Cependant, il conduisit la dame au comptoir de MM. L. Dupont, Deparis et C⁰. Tandis que le caissier payait la somme souscrite, M. S... donnait les marques de la plus vive émotion. Enfin, profitant du moment où la bonne dame, tout heureuse, serrait dans son sac les 100 fr. de son excellent fils, le jeune homme s'approche du caissier et lui dit, avec des larmes dans la voix (car il pleurait, le bon jeune homme) : — La joie de cette femme ne vous fait-elle pas mal comme à moi, monsieur ? Son fils vient d'être fusillé, et je ne sais comment apprendre cette nouvelle à la pauvre mère. Dites-la-lui, vous ! Le caissier se récrie et refuse en faisant entendre quelques mots d'étonnement ; puis se ravisant, il demande au jeune homme d'où il tient ce terrible malheur. Pour toute réponse, M. S... retourne le billet escompté, et montrant du doigt le nom du dernier endosseur, il dit : — Lisez, monsieur, lisez ? Le caissier lut : Jean-Baptiste Gillot, fusilier au 27ᵉ de ligne. — Vous le voyez, monsieur : Jean-Baptiste Gillot, *fusilier !* Le pauvre garçon est bien mort ! — Qu'on se figure, si l'on peut, le fou rire qui s'empara à ces mots et du caissier et de la caisse et de la banque. Les écus restèrent seuls insensibles. »

G

GAGNER

Deux vieux charpentiers, grands observateurs du saint Lundi s'étaient rendus, comme de coutume, à la barrière et se livraient à d'abondantes libations. Ils devisaient tous deux sur le moyen d'avoir de grands profits : — Y a toujours moyen de gagner de l'argent, père Flottard!... Un litre à la barrière, c'est six sous, au lieu de douze qu'on le paie à Paris. — C'est vrai, père Bisaiguë, j'ai gagné comme ça trois francs lundi dernier, et j'en gagnerai bien encore autant aujourd'hui !

GALIMATHIAS

Un boucher, maigre de corps comme d'esprit, étant entré un jour dans le magasin d'un libraire où était l'abbé Maury, prit un volume de J. J., et se mit à répéter, comme par affectation, et pour faire preuve de goût, le passage suivant :

« Qui commande à des hommes libres doit-être libre lui-même. »

Puis, se tournant vers l'abbé : Que pensez-vous de cet adage, monsieur, lui dit-il ? — Il n'a pas le sens commun, reprit Maury, c'est comme si l'on disait :

Quiconque tue des bœufs gras doit-être gras lui-même.

GAMME

Chantée à Genève au citoyen Proudhon :

Ut-opiste infernal, sans Dieu comme sans âme,
Ré-trograde prôneur d'un vieux système usé,

Mi-racle d'impudence en ce siècle abusé,
Fa-vorable aux fripons, dont tu fais la réclame,
Sol-eil dont la lumière est propice au voleur,
La terre connaîtrait ta funeste valeur,
Si tout homme de sens te chantait cette *gamme*.
Ut-opiste infernal, sans Dieu comme sans âme.

GANACHE

Un jour, Napoléon, fort mécontent à la lecture d'une dépêche de Vienne, dit à Marie-Louise : Votre père est une ganache. L'impératrice, qui ignorait beaucoup de termes français, s'adresse à un conseiller d'État et lui demande la signification du mot ganache, en lui disant dans quelle circonstance l'Empereur l'a employée. — A cette demande inattendue, le courtisan balbutie que cela veut dire un homme sage, un homme de poids, un homme de bon conseil.

Quelques jours après, la mémoire encore fraîche de sa nouvelle acquisition, Marie-Louise, présidant le conseil d'État et voyant la discussion plus animée qu'elle ne voulait, interpelle, pour y mettre fin, Cambacérès, qui, à ses côtés, bayait tant soit peu aux corneilles : C'est à vous à nous mettre d'accord dans cette occasion importante, dit-elle, vous serez notre oracle, car je vous tiens pour la première et la meilleure ganache de l'Empire.

Mais cette plaisanterie est, dit-on, un conte du faubourg Saint-Germain.

GAND

Charles-Quint, né dans cette ville, jouait avec son nom. Un jour qu'à la suite d'une révolte, le duc d'Albe lui conseillait de détruire cette fourmilière de séditieux, il le fit monter sur la tour du beffroi, et lui faisant embrasser l'immense étendue de la ville : — Toutes vos peaux d'Espagne, dit-il, ne suffiraient pas à refaire un gant de cette grandeur.

Lorsqu'il visita Paris, qui était plus resserré, il se plut à dire encore : — Je mettrais Paris dans mon gant.

GARÇON

Frédéric Soulié disait à un garçon de café qui le servait mal :

— Il faut vous marier. — Pourquoi cela? — Parce que vous n'êtes pas fait pour rester garçon.

La Bruyère appelle ceux qui briguent le nom de bel esprit « garçons bel esprit, » comme qui dirait garçon tailleur.

GARDE

On lisait en décembre 1857, dans le *Moniteur du Calvados :*

« Voici une interprétation originale de la loi portant taxe sur les chiens. Un propriétaire d'une commune voisine aurait écrit au maire de son endroit à peu près en ces termes :

« Monsieur le Maire,

« La loi divise les chiens en deux catégories : chiens
« de luxe ou d'agrément, et chiens de garde; les pre-
« miers payant la taxe la plus élevée, et les derniers la
« moindre.

« J'ai l'honneur de vous informer que les deux
« chiens que j'ai dans ma propriété appartiennent à
« mon garde. Je vous prie donc les inscrire, comme
« chiens *de garde,* dans la deuxième catégorie. »

GAUCHE

Quatrain de Rivarol sur l'Assemblée nationale de 1789 :

> Dans cette assemblée, où l'on fauche
> Et le bons sens et le bon droit,
> Le côte droit est toujours gauche,
> Et le gauche n'est jamais droit.

GAULES

Quel profit remarquable eurent les Romains à prendre les Gaules? — La facilité d'abattre les noix.

GENDARMERIE

Une chanson, populaire à Paris, commence ainsi :

> De la gendarmerie,
> Lorsqu'un gendarme rit,
> Dans la gendarmerie
> Chaque gendarme rit.

GENDEBIEN

Ex-représentant de Belgique, dont le nom fit faire un calembour. — Avez-vous beaucoup de *gens de bien* à la Chambre? demandait-on à une dame de Bruxelles. — Non, monsieur, répondit-elle. Nous n'en avons qu'un.

GÊNE

Quel est le peuple le moins bien dans ses affaires? — Ce sont les Gênois, qui vivent constamment dans l'État de *Gênes*.

GÉNÉRALE

On sait le mot de ce soldat de la République sur un de ses chefs qui faisait mauvais ménage :
— Notre général n'est qu'un tambour.
— Pourquoi ?
— Parce qu'il bat la générale.

GENTILHOMME

Franklin prenait plaisir à répéter une observation de son nègre, auquel il avait défini ce que c'était qu'un gentilhomme.
— Massa, lui disait l'Africain, tout travaille dans ce pays : l'eau travaille, le vent travaille, le feu travaille, la fumée travaille, les chiens travaillent, le bœuf travaille, le cheval travaille, l'homme travaille, tout travaille, excepté le cochon ; il mange, il boit, il dort, et ne fait rien de la journée. Le cochon est donc le seul gentilhomme de l'Angleterre.

GILET

Un fermier de Saint-Julien-du-Sault étant très-malade, ses amis lui conseillèrent de faire venir le médecin de l'endroit, qui se nommait Gilet. « Ah bah ! leur dit-il, je suis venu tout nu au monde, je m'en retournerai bien sans gilet. »

GLACÉS

Un galant, présentant à une dame une paire de gants *glacés*, lui disait : — C'est ce que j'ai trouvé de plus *frais*.

GRAINS

Donnons sur ce mot quelques jolis couplets de M. Jacinthe Leclère :

    Déjà maint critique s'avance
    Impatient de me juger
    Pour faire pencher la balance
    Un grain est un sujet léger.
    Mais à son jugement suprême
    Je m'abandonne sans appel ;
    Heureux, si des grains que je sème,
    Je recueille un seul grain de sel.

    Ce riche gourmand qui m'écoute,
    Et déjà méprise mes grains,
    Sait-il ce qu'un grain de blé coûte
    Et de sueurs et de chagrins ?
    Ce chapon fin dont il se gorge
    De grains dépeupla nos guérets ;
    Et de sa serviette à grains d'orge
    Un grain de chanvre a fait les frais.

    Un grain de vent porte la foudre
    Et des mers trouble le repos ;
    Et plus loin, quelques grains de poudre
    Tranchent la trame des héros.
    Un grain d'esprit rend plus jolie ;
    Un grain d'amour trouble les sens ;
    Et souvent un grain de folie
    Fait passer un grain de bon sens.

    De mes grains j'ouvre une boutique,
    Et j'en donne à tous mes voisins :
    Aux parvenus, grains d'émétique,
    Aux ivrognes grains de raisins,

Quelques grains d'or à l'alchimiste
Au malade, grains de santé,
Grains d'ellébore au journaliste,
Et grains d'encens à la beauté.

GRAMMAIRE

Un professeur de mathématiques, bon homme et vieux savant, que les préoccupations de la science poursuivaient souvent jusque dans ses fonctions les plus pieuses, avait l'habitude, lorsque les élèves égaraient un livre ou quelque objet d'étude, d'en faire l'annonce à la prière du soir. Un jour qu'il venait de réciter les oraisons communes, un élève s'approchant lui dit à l'oreille : — Monsieur, voulez-vous annoncer, s'il vous plaît, que j'ai perdu ma grammaire.

Préoccupé sans doute par quelque problème, le savant, s'égarant sur le mot, s'empressa de répéter tout haut : Un tel me prie de vous annoncer qu'il a eu la douleur de perdre sa grand'mère. Nous la recommandons à vos prières.

Mais c'est ma grammaire grecque que j'ai perdue, répond le jeune homme en riant du quiproquo.

Messieurs, la pauvre femme était Grecque, ajoute aussitôt le professeur avec émotion ; Dieu veuille avoir son âme.

GRAND

Ce mot change de sens quelquefois en changeant de place : un grand homme n'est pas toujours un homme grand, et souvent un homme grand n'est qu'un petit homme. La grandeur mise en avant est la mesure de l'âme, mise en arrière elle n'est que la taille du corps.

La musique du *Jugement de Midas*, de Grétry, fut

sifflée à la cour et applaudie à Paris. C'est à ce sujet que Voltaire adressa au célèbre compositeur le quatrain suivant :

> « La cour a dénigré tes chants
> Dont Paris nous dit des merveilles,
> Grétry, les oreilles des grands
> Sont souvent de grandes oreilles. »

Le chancelier Bacon disait : « Les gens de haute stature ressemblent quelquefois aux maisons de quatre ou cinq étages, dont le plus haut appartement est d'ordinaire le plus mal meublé. »

Un des derniers rois d'Espagne, auquel le sort des armes avait enlevé plusieurs places considérables recevait cependant, de la plupart de ses courtisans, le titre de grand : « Sa Grandeur, dit un Espagnol, ressemble à celle des fossés, qui deviennent grands à proportion des terres qu'on leur ôte. »

GRANDESSE

Quelle est la lettre la plus estimée en Espagne? — La grande *S*.

GRAND-LIVRE

On lisait, chez la femme d'un banquier, l'Invocation de Milton à la lumière. Un homme d'affaire, qui n'avait jusqu'alors donné qu'une faible attention à cette lecture, se réveilla tout à coup à ce vers :

> Et pour moi le grand livre est fermé pour jamais!

(Il s'agit là du grand livre de la nature.)
— Eh quoi ! s'écria le banquier, est-ce qu'on ne lui a pas payé ses rentes ?

GREDIN

Une épigramme de l'*Almanach des Aristocrates* pour 1791 :

Certaine Anglaise, à certaine séance,
D'un certain club qui dirige la France,
Un certain soir, se trouvait par hasard.
— Oh ! s'il vous plaît, dit-elle à sa voisine,
Sur cet fauteuil qu'est cet monsieur camard,
Qu'à droite, à gauche, ici chacun lutine ?
— Milady, c'est monsieur le président,
Ce que chez vous l'orateur on appelle.
— Oh ! l'orateur, fort bien cet mot s'entend.
Mais, s'il vous plaît, quel est, ajouta-t-elle,
Cet instrument que dans ses mains je vois ?
— C'est de son rang l'éclatant interprète ;
C'est là son sceptre, et nos augustes lois
Ne se font plus qu'à grands coups de sonnette.
— Oh ! et que dit ce bruit original :
Gredin ! Gredin ! dont toute l'assemblée
A, comme moi, la cervelle fêlée ?
— Mais, Milady, c'est l'appel nominal.

GUET-APENS

Le roi des Turlupins était M. d'Armagnac. Ce seigneur se trouvant un jour avec le duc (Henri-Jules), depuis prince de Condé, il lui demanda pourquoi on disait guet-à-paon et non pas guet-à-dinde ? — Par la même raison, répondit le prince, qu'on ne dit pas, Monsieur d'Armagnac est un *turluchêne*, mais un *turlupin*.

H

Quelles sont les lettres les plus menues? — Les lettres H E.

HABILLER

Une maîtresse de maison avait besoin d'un domestique; on lui envoya un brave garçon qui arrivait en droite ligne de Limoges, en Limousin.—Victor (c'était son nom) était muni des meilleurs renseignements.

— C'est bien, Victor, lui dit-elle, je vous prends à mon service; vous aurez cent écus de gages, vous serez nourri, blanchi et je vous habillerai.

— Ainsi, madame m'habillera?

— Oui. Faites porter vos effets et restez.

Victor sortit, revint et fit son service.

Le lendemain on attend Victor; point de Victor. On sonne, personne; on resonne, personne encore. Deux heures se passent et Victor ne paraît pas.

Impatientée, la maîtresse du logis monte chez Victor.

Il était pacifiquement couché, les yeux ouverts.

— Mais, Victor, dit la dame, il est onze heures.

— Je le sais, madame, répond Victor d'un air tranquille.

— Vous n'avez donc pas entendu qu'on vous a sonné?

— Au contraire.

— Alors, pourquoi ne descendiez-vous pas?

— Mais, madame m'avait dit hier qu'elle m'habillerait; j'attendais qu'elle vînt m'habiller.

HACHÉES

Quelles sont les lettres les plus maltraitées ? — Les lettres H E.

HACHER

Madame de Sévigné disait des pendules à secondes, qu'elle ne les aimait pas, parce qu'elles hachent la vie trop menu.

HAINE AU BEURRE

Quels sont les départements où l'on fait la cuisine à l'huile ?

Les voici : Aisne, Aube, Eure.

HAINE AU HACHIS

S'écrit en quatre lettres délicates, *n, o, h, i*.

HALEINE

Un cordonnier, président de section en 1793, prononçait un discours de circonstance ; une période, entre autres, se trouva si étendue que, malgré la force de ses poumons, les derniers mots expiraient sur ses lèvres. Un plaisant lui cria : — Citoyen, reprenez votre alène. »

HARENG SAUR

Cadet-Roussel, professeur de déclamation, remplit le rôle d'un tyran qui a pour confident Aran ; il le chasse en lui disant : — « *Aran, sors.* »

Citons aussi ce vers, du récit de la mort d'un vieillard, dans une tragédie moderne :

Il sortit d'ici-bas comme *un vieillard en sort.*

HARMONIE

Malherbe est auteur de ce vers :

> Enfin cette beauté m'a la place rendue.

On dit un jour à ce poëte que Des Yveteaux l'appelait le poëte Malapla, faisant allusion à ce dernier hémistiche : *m'a la place rendue*, qui, à la vérité ne désigne pas une oreille sévère pour la cadence.

— C'est bien à M. Des Yveteaux à trouver mauvais ce *m'a la pla*, dit Malherbe, lui qui a fait *parabla ma fla*.

Des Yveteaux, en effet, finit un vers par ces mots :

> Comparable à ma flamme.

Le comte de Caylus avait demandé, en mourant, que son tombeau fût surmonté d'une urne étrusque dans laquelle on renfermerait son cœur. Il n'y avait que lui qui pût se faire cette épitaphe :

> Ci-gît un antiquaire, acariâtre et brusque.
> Ah! qu'il est bien placé dans cette cruche étrusque.

La Motte-Le-Vayer cite un homme qui fut vingt-quatre heures à rêver comment il éviterait de dire *ce serait*, à cause de la ressemblance des deux premières syllabes : ce n'est pas ce que nous conseillons ici.

— Les vers suivants sont faits exprès :

> Quand un cordier cordant veut accorder sa corde,
> Pour sa corde accorder trois cordons il accorde ;
> Mais si l'un des cordons de la corde décorde,
> Le cordon décordant fait décorder la corde.

HARNAIS

L'industrie est une fort belle chose assurément ; mais elle a une manie d'envahissement parfois déplorable. Que lui ont fait les grands noms de Condé, Turenne, Bayard, Montesquieu, pour qu'elle en fasse une enseigne? N'a-t-elle pas des patrons plus naturels? Voici de quoi nous menace un sellier. Il se propose d'écrire sur sa boutique :

Au prince Eugène—Beaux-harnais.

Qui oserait dire que la société n'est pas malade, lorsqu'il se produit des cas aussi graves de calembour !

HAUT ET VAIN

On disait à un homme orgueilleux : vous avez bu de l'abondance, car vous êtes *eau et vin*...

HÉBÉTÉES

Quelles sont les lettres les moins spirituelles? — Les lettres *e*, *b*, *t*.

HEURE

Dans quel département peut-on le mieux se passer de montre? — Dans le département de l'Eure.

HISTORIOGRAPHE

Moncrif avait fait une histoire des chats, sous le nom desquels il avait plaisanté plusieurs personnages de la cour. Il était fort aimé du comte d'Argenson. Il dit un jour au ministre : — Monseigneur, vous êtes le maître de me faire donner le brevet d'historiographe de France.

Malheureusement, M. d'Argenson se ressouvenait encore de l'histoire des chats. — Historiographe? lui dit-il, cela n'est pas possible; mais pour historiogriffe, cela se pourrait faire.

HOMARD

Un des spirituels écrivains de ce temps-ci a dit, en parlant d'un crustacé qu'il aime, à ce qu'il paraît : « Le homard, ce cardinal de la mer. » Cet écrivain gastronome croit que le homard est rouge avant d'être cuit.

HOMME

Un soldat ivre, disait à son caporal : — Tais-toi, tu n'es pas un homme. — Je te prouverai le contraire, lui dit le caporal. — Jamais, reprend le soldat, et c'est impossible : écoute le major, quand il commande la garde, le matin à la parade. Ne dit-il pas toujours : pour tel poste, six hommes et un caporal! Tu vois donc bien que les caporaux ne sont pas des hommes.

HONNÊTE

Ce mot change de sens, comme grand, en changeant de place. Les gens honnêtes n'annoncent pas toujours les honnêtes gens; et les démocrates ne se lassaient pas de dire, sous la restauration, avec moins de raison que d'envie peut-être : ceux qu'on appelle les honnêtes gens ne sont pas ceux que nous appelons les gens honnêtes.

HOSTILES

Voilà un homme qui a des prétentions au style. — Comment hostiles! mais c'est un homme très-doux.

HOTEL

Un Gascon, qui n'avait que ses bons mots pour vivre, étant tombé malade à Paris, fut contraint de se faire porter à l'Hôtel-Dieu. Un de ses anciens camarades vint le voir :

— Eh! donc, mon cher enfant, lui dit-il, en quel état je te trouve! Courage, mon ami, courage!

— Pour du courage, lui répondit-il, les gens de notre pays n'en manquent point.

— Eh! qui le sait mieux que moi? lui dit celui qui le visitait. Au reste, mon cher enfant, ajouta-t-il, tu me permets de te demander si tu es bien avec Dieu?

— Apparemment, lui répliqua le Gascon malade, je ne dois pas y être mal, puisqu'il me donne un appartement dans son hôtel.

HUMIDE

Un médecin demanda à un malade comment il avait trouvé le bain qu'il lui avait ordonné. — Un peu humide, répondit l'autre.

Malherbe était affecté d'un bégaiement continuel, et de plus il crachait très-fréquemment, cinq ou six fois au moins, en lisant une stance de quatre vers. Cela fit dire très-plaisamment au cavalier Marini : « Je n'ai jamais vu d'homme plus humide, ni de poëte plus sec. »

HUPPÉES

Quelles sont les lettres les plus fières? — Les lettres *u, p*.

I

Quel est le plus ancien des I. — L'I mage. — Et quel est le plus froid? — L'I vert.

I FIT GÉNIE

De qui le génie a-t-il reçu le jour? — De la lettre I, car les anciens ont écrit *Iphigénie*.

IMITATION

M. O. Leroy a raconté la petite anecdote que voici, dans les journaux de septembre 1855.

« Un bon vieux curé de campagne, qui avait entendu parler magnifiquement des *Imitations*, l'une en latin, l'autre en vers français de Corneille, réimprimées pour l'Exposition universelle, y était arrivé, uniquement pour voir son livre de prédilection, bien décidé à repartir dès qu'il l'aurait examiné sous ses nouvelles formes. Il ne doutait pas que ce livre, qui remplit le monde de sa gloire, mais qui tient une si petite place à l'Exposition universelle, ne fût là tout entier dans la tête de chaque employé, ainsi qu'il était dans la sienne. Il s'adresse en entrant à l'un d'eux :

— Monsieur, voudriez-vous me dire ou sont les *Imitations?*

— Les imitations en verre?

— En vers, mon ami! Il y en a une en vers de Boisville, une autre de Corneille à laquelle on a mis, dit-on, des peintures superbes et dignes de l'auteur.

— Ah! très-bien! je vois cela d'ici... Ça doit être

dans les cristaux, ou bien dans les émaux, se dit-il en lui-même... Monsieur l'abbé, vous ferez du chemin, mais ne soyez pas rebuté, vous finirez par arriver, et rien de si facile que de vous indiquer ce que vous demandez : vous allez monter cet escalier.

— Très-bien, mon ami.
— Vous descendrez ensuite.
— A merveille, mon cher.
— Et vous irez toujours tout droit. Vous n'aurez pas fait une demi-lieue que vous demanderez où sont les *Imitations en verre*; c'est connu de tout le monde.

— De tout le monde! dit avec joie le bon curé. Et l'on dit le siècle prosaïque!... Je suis édifié, mon ami, et très-reconnaissant de vos excellentes indications.

— Il n'y a pas de quoi, Monsieur l'abbé.

Voilà le pauvre prêtre qui se met en route, monte, descend, traverse les longues galeries au milieu de la foule et de toutes les industries; il ne voit rien que le but où il tend, et répète en lui-même les premiers mots de son livre chéri : « Celui qui vous cherche, Seigneur, ne marche point dans les ténèbres, *non ambulat in tenebris.* » Enfin, il s'arrête et demande à quelques étourdis qui se trouvent sur son passage où sont les *Imitations*.

— Est-ce du plaqué que vous cherchez, monsieur l'abbé? répond l'un d'eux.

— Non, monsieur, c'est de l'A-kempis ou du Gerson, dont le grand Corneille a traduit en vers l'*Imitation de Jésus-Christ*.

— Ah! ce curé est adorable et à mettre sous verre! dit tout bas l'étourdi, qui ajouta plus haut : Monsieur l'abbé, ces choses-là ne sont pas de notre connaissance.

— Tant pis, Messieurs! Quelqu'un a dit : Il est venu parmi les siens, ils ne l'ont pas connu.

Le prêtre attristé s'en allait, quand un jeune exposant, qui l'avait entendu de son magasin où il était avec son père, vint lui dire : Monsieur l'abbé, permettez-moi de vous conduire vers ce beau livre que mon père a aussi dans sa bibliothèque et dont souvent il nous cite les vers.

Et le bon prêtre consolé, après avoir serré la main du père qui l'était venu saluer, fut conduit par le fils au but de son voyage, à ses chères *Imitations*, dont il lut avec âme quelques vers sublimes à son guide, le remercia affectueusement, le bénit, et en s'en allant répéta ces vers qu'il avait lus :

>Vous pouvez maintenant, Seigneur,
>Rappeler votre serviteur.

IMPOTS

On a renouvelé, à l'aspect de l'Assemblée constituante de 1848, ces petits vers faits en 1790 pour sa devancière.

>Quel coup d'œil ravissant!
>Quel spectacle *imposant!*
>Disait un démocrate.
>Oui, réplique aussitôt
>Un brave aristocrate :
>Il va doubler l'*impôt*.

INCUIT

Ce gigot est incuit, disait à son hôte un homme qui faisait le beau parleur. — Monsieur, repondit l'hôte, c'est par l'insoin de la cuisinière.

INRI

Le marquis de Gèvres était vain et ignorant; du moins, on le dit. On ajoute qu'il se compromettait souvent par là. Causant un jour dans les cabinets du roi, et admirant plusieurs tableaux, entre autres des crucifiements de différents maîtres, il décida que le même en avait fait un grand nombre, entre autres tous ceux qui se trouvaient là. On se moqua de lui, et on lui nomma les peintres, dont on reconnaissait la manière. — Point du tout, s'écria-t-il, ce peintre s'appelait INRI.

Ne voyez vous pas son nom sur tous ces tableaux?... Est-ce possible?

INVENTER

Quelqu'un disait devant madame Du Deffant, qui s'était brouillée avec Voltaire, que ce dernier n'avait pas beaucoup inventé : — Que voulez-vous de plus? dit-elle finement, il a inventé l'histoire !

J

JABOT

Un élève en médecine se présente à l'examen de la Faculté, avec une chemise à jabot qui faisait honneur à sa blanchisseuse. Cela sortait de son gilet avec un éclat à faire loucher le professeur qui l'interrogeait.

Dans le fait, le vieux docteur en était tout offusqué, et il prononça sur-le-champ, qu'un si beau jabot ne devait pas appartenir à un récipiendaire bien savant.

Monsieur, dit-il, pourriez-vous me dire ce que vous entendez par jabot?

Le candidat troublé ouvre de grands yeux, les abaisse sur sa poitrine, regarde le professeur et rougit.

— Allons, vous ne savez pas ce que c'est qu'un jabot; c'est le troisième estomac d'un dindon.

J'AI FROID

Quel est l'homme dont on prononce le plus souvent le nom en hiver? — L'acteur *Geffroy*.

JAMBON

On disait à un touriste qu'il fallait se défier des Allemands, surtout dans les provinces rhénanes. — Cela m'étonne, dit-il, car à mon dernier voyage à Mayence, j'y ai vu beaucoup de *gens bons*.

JÉRICHO

Un marchand de tableaux présentait à un certain prince qu'on ne nomme pas, un petit tableau précieux, en lui disant qu'il venait de Géricault. — C'est prodigieux, dit le prince, que le tableau se soit si bien conservé depuis l'écroulement de cette ville!

JEUNESSE

Dasnières disait que la jeunesse s'appelle ainsi parce qu'elle est l'âge où les jeux naissent.

JEUX DE MOTS

A la fin de la campagne de 1761, où MM. les comtes de Fougère et de La Luzerne commandaient la maison du roi, un garde du corps, que des affaires instantes appelaient dans sa province, vint leur présenter sa démission, et les prier de lui accorder son congé.

Quoi! Monsieur, lui dirent d'un ton ironique ces deux généraux, vous quittez le service pour aller planter vos choux!

— Oui, Messieurs, répondit froidement l'honnête militaire; je vais bêcher mon jardin, et je le cultiverai de manière qu'il n'y vienne ni luzerne ni fougère.

Un poëte médiocre croyait mettre ses vers à l'abri de la censure en disant qu'ils étaient passables :

— Oui, lui dit-on, il sont passables en tous sens : vous vous seriez bien passé de les faire, nous nous serions bien passé de les lire, et la mémoire en passera bien vite.

Quelqu'un ayant dit à une femme que le suif était augmenté à cause de la guerre : — Ah! dit-elle, apparemment que les armées se sont battues à la chandelle.

Le marquis de St*** ayant offensé un M. De Chambre, fut engagé par ses amis à lui faire quelques excuses. Le marquis lui écrivit à peu près en ces termes.

« Ce que je me suis permis de dire à votre sujet est absolument sans conséquence. La meilleure preuve que je puisse vous donner de mon estime, c'est de vous demander à dîner pour le jour qu'il vous plaira de m'assigner. Tout à vous.

« LE MARQUIS DE ST***. »

M. De Chambre répondit :

« Vous m'avez laissé le choix du jour. Empressé de vous recevoir, je vous invite pour mercredi, et vous prie de vouloir bien accepter la fortune du pot

« DE CHAMBRE. »

M. de Puymaurin, député de Toulouse pendant la restauration, se plaisait à faire des jeux de mots. Un jour, M. Petou, député de la Côte-d'Or, monta trois fois à la tribune dans la même séance. — Ah ça! dit M. de Puymaurin, il faut donc toujours que M. Petou parle ?

— Je voudrais que mon fils sût un peu de tout, qu'il eût une teinture des langues latine et grecque, une teinture d'histoire et de géographie, une teinture des mathématiques, une teinture de dessin, etc.; mais je ne sais pas pour cela quel maître lui donner.

— Donnez-lui, madame, un maître teinturier.

La présente liste a été trouvée, en 1848, à l'Assemblée nationale sous le pupitre d'un montagnard facétieux, non moins connu par ses calembredaines que par ses quinze perruques. Les noms qui y sont inscrits étaient-ils destinés à *l'épuration*? Forment-ils au contraire une liste de conciliation? Nos lecteurs jugeront sur la copie textuelle que nous mettons sous leurs yeux :

Armand Marrast, Mauvais, Marquis.
Sénard, Mulé, Normand.

Bastide, Canul, Rouillé.

Porypapy, Noirot, Crépu.

Buvignier, Casse-Carreau.

Ledru-Rollin, Levet, Laissac, Dargent, Crémieux, Laydet, Découvrant, Cécile, Lacroix, Lorette.

Leyraud de Puyraveau, Daix, Gouttay, Lamartine.

Leblanc, Mouton, Beslay, Considérant, Lherbette, Faucher.

Joly père, Savy, A. Payer, Lebleu, Dargenteuil.

Sallandrouze, Tendret, Lestapis.

Pierre Leroux, Person, Toupet.

Boulanger, Pézerat, Dupin.

Labbé, de Lamenais, Vieillard, Boussingault.

On lisait alors dans le *Corsaire* cet autre amas de jeux de mots sur la même Assemblée :

« On a vu tous nos législateurs éclater de rire à l'aspect du bon M. *Lebœuf*, montant à la tribune à propos d'une question de boucherie : rien de mieux ! Le coq-à-l'âne y était ; mais dès lors il devient fort difficile d'aborder les rostres pour peu qu'on ait un nom... Voyez plutôt : — D'ici à peu de temps, on doit présenter un projet de loi sur la boulangerie. Voilà donc la discussion interdite à la famille *Dupin* et à M. *Dufour !* Vienne le rapport de la commission des pâturages, et M. *Lherbette* est obligé de rester chez lui. S'agit-il du droit des vins, le pauvre M. *Baune* est réduit au silence, et M. *Lacave* est bien forcé de l'imiter. La discussion sur les ordonnances de chasse, entamée par M. *Chasseloup*, va faire fuir M. *Dain*, qui sera fort heureux de se cacher entre *Duparc* et *Dubois*. Si l'on s'avise de réglementer les perruquiers français, que diront MM. *Crépu* et *Toupet-des-Vignes* ; MM. *Rateau* et *Bineau* auront-ils le droit de voter dans une question de jardinage, et M. *Buffet* dans une affaire de comestibles? Voyez-vous M. *Pigeon* prenant la parole contre *Lagrange*, dans une explication sur les grains, défendus par M. *Moulin*?... Quand il s'agira de la fixation de l'âge pour les listes électorales, est-ce M. *Vieillard* qui osera se déclarer incompétent? A propos du droit d'aînesse, que ferait l'amiral *Lainé*? Et si jamais (cela peut arriver) *Hyacinthe* comparaissait à la barre de la Législative, pour crime politique, qui le jugerait, de M. *Ney* ou de M. *Camus*?... Il n'y aurait guère que M. *Troplong* qui pourrait hasarder son bulletin. MM. *Le Flô* et *de Flotte* seraient bien vagues à propos de marine; M. *Failly*, fort suspect dans les questions commerciales; M. *Lélut* au moins superflu dans un projet électoral, et M. *Bigot* très-récusable dans l'examen du budget des cultes, appuyés par M. *Legros-Dévot*... Est-ce que M. *Lemaire* oserait dire son mot sur les franchises municipales? S'il s'agissait des monuments nationaux, M. *Conte* se croirait-il appelé à faire de l'histoire? En matière religieuse, *Pascal* (*Frédéric*) combattrait-il M. *Arnaud* (*de l'Ariége*), sans craindre les allusions à *Port-Royal*?

Un autre journal du même temps (*la Providence*) publia aussi une charmante et spirituelle critique, qui a droit à figurer ici.

On vous a raconté l'idée assez comique
De ce monsieur *Leroy* qui, plein d'ardeur civique,
Prétendait l'autre jour, répudiant son nom,
Qu'on l'appelât : *le Peuple*... et cela tout de bon!
C'était peut-être un comte... (ah! pardon, une histoire :
Le mot *comte*, je crois, est banni du grimoire.)
J'y pense, il est de fait que cela désormais,
Va changer diablement le langage français;

Voyez combien de mots le décret nous enlève :
Il supprime d'un coup l'ancien *roi* de la fève,
Les *rênes* de voiture et la *reine* du bal ;
Quant à la *reine Claude*, un arrêté légal
N'admet, dans ses rigueurs, d'exceptions aucunes,
Et la loi promulgée est faite pour les prunes.
Le *Grand-Duc,* ce rival du rapide faucon,
N'a qu'à bien se garder et qu'à changer de nom,
Et le *tigre royal,* s'il tient à sa peau lisse,
Doit cacher l'épithète à l'œil de la police...
Et l'oiseau de passage, appelé *Chevalier,*
Quoi qu'en ait dit Buffon, n'est plus qu'un roturier ;
Quant à Jules Janin que notre République
Proclama, dès longtemps, *prince* de la critique,
Son esprit, son talent ne lui servent de rien :
C'est presqu'un *Vacquerie*... un simple citoyen...
Plus de distinctions, d'ordres, de priviléges!
Les *croix*... même d'honneur, sont choses sacriléges :
On les supprimera sur les dos des ânons :
Les souliers désormais n'auront plus de *cordons,*
Et l'on ne pourra plus mettre aux foyers de *plaques.*
On défend les *rubans* aux bonnets comme aux claques ;
Les théâtres sont pris dans ces proscriptions,
On jouera tout Chénier... sans *décorations ;*
Et quand madame Hamel rôtira des mauviettes,
Défense à ses garçons d'en servir en *brochettes :*
Inutile de dire aux lecteurs pénétrants
Que les bottes, parbleu! n'auront pas de *tirans ;*
Que les livres, ces rois assemblés en chapitres,
Paraîtront en public sans *pages* et sans *titres ;*
La lettre majuscule est proscrite à jamais :
L'égalité pour tous! Aux termes des décrets
Défense d'imprimer sur du papier *couronne ;*
Ordre de démolir la barrière du *Trône :*
Le *sceptre* de Neptune est brisé pour toujours ;
Les fleuves couleront... comme ils pourront... sans *cours.*
. . . .
On prétend que *Marquis,* l'homme des chocolats,
Le *Marquis* praliné près des **Panoramas.**

Fait peindre, en ce moment, un panneau magnifique
Où l'on verra décrit en pastille gothique
Ce seul mot : *Ci-devant*... Et que monsieur Boissy
A, dit-on, résolu de l'adopter aussi.
Leduc, marchand de bois au boulevard du Temple,
Se range noblement à ce sublime exemple :
Leprince, cordonnier près de la rue aux Ours,
S'est citoyennisé déjà, depuis trois jours :
Baron, le bandagiste, adhère pour son compte ;
Le passage Choiseul expulse monsieur *Comte* ;
Honteuse avec raison, la maison *Chambellan*
Biffe de son enseigne un nom de courtisan.
Au quartier Montorgueil, par le même principe,
On va voir effacer l'enseigne de *Philippe* ;
Le nom vilipendé qu'il tient de son parrain
Disparait..., et Philippe a nom *Ledru-Rollin*.
Quant à l'homme d'État, ce Solon... provisoire,
Attendu que *Rollin* fut professeur d'histoire,
Et que, dans ses écrits, il flatta maintes fois
Les despotes de Rome et le pouvoir des rois,
Il abdique le nom d'un écrivain servile
Et l'immole à l'autel de son hôtel-de-ville ;
Il reste désormais Ledru... Ledru tout court !...
Mais pourtant attendu qu'autrefois, à la cour,
Un sieur *Ledru-Comus* professa la physique,
Et fut de Louis-Quinze un rampant domestique
Défense aux citoyens de parler des Ledrus,
Le ministre est ministre et ne s'appelle plus !
L'illustre *Louis Blanc*, l'écrivain populaire,
Ce Tacite français, cet orateur sincère,
Veut de son double nom s'affranchir à la fois.
Les *Louis* trop longtemps nous ont servi de rois,
Le *blanc* fut la couleur d'un drapeau qu'il abhorre.
Il va prendre le nom de *Vingt-Francs-Tricolore*.

Un ancien philosophe avait coutume de dire que peu de chose donnait la perfection, mais que la perfection n'était pas peu de chose.

Un Gascon disait : — La boue de Paris a deux grands inconvénients : le premier est de faire des taches noires sur les bas blancs ; le second, de faire des taches blanches sur les bas noirs.

Un ami de Bautru étant allé le voir dans le temps qu'il avait la goutte, le trouva mangeant du jambon : — Que faites-vous là ? lui dit-il ; ne savez-vous pas que le jambon est contraire à la goutte ? — Cela est vrai, lui répondit froidement Bautru ; il est contraire à la goutte, mais il est bon pour le goutteux.

Un procureur, en recevant d'un chapelier, sa partie, un chapeau, lui dit : — Ne vous inquiétez point, allez ; j'ai votre affaire en tête, j'en aurai soin.

Nous ne voulons pas oublier une petite pièce de vers de maître André le perruquier :

> Les poëtes, les perruquiers
> Ont entre eux quelque ressemblance ;
> Et vraiment, dans ces deux métiers
> Je vois bien peu de différence
> Pour réussir, à chacun d'eux,
> Certe il ne faut pas être bête...
> Compter des vers ou des cheveux,
> C'est toujours un travail de tête.

Nous ne pouvons omettre la harangue faite, à la porte d'une ville, à l'un des généraux de Louis XIV, quoiqu'elle ait été souvent reproduite.

« Monseigneur, tandis que Louis le Grand gêne les Génois, berne les Bernois et fait cantonner le reste des cantons ; tandis qu'il fait aller l'Empire de mal en pire, damner le Danemarck et suer la Suède ; tandis que son digne rejeton fait baver les Bavarois et rend les troupes de Zelle sans zèle ; tandis que Luxembourg fait fleurir la France à Fleurus, met en flamme les Flamands, lie les Liégeois et fait danser Castana sans castagnette ; tandis que le Turc fait esclaves les Esclavons et réduit en servitude la Servie ; enfin, tandis que Catinat démonte les Piémontais, que Saint-Ruch se rue sur les Savoyards et que Larré les arrête, vous, Monseigneur, non content de faire sentir la pesanteur de vos doigts aux Vaudois, vous faites encore la barbe aux Barbets, ce qui nous oblige d'être, avec un profond respect, etc. »

Remarquons que le mot *Barbets* ne s'applique pas aux intéressants quadrupèdes connus sous ce nom, mais bien aux habitants de diverses vallées du Piémont et de la Suisse.

JOCRISSE

Personnage des farces modernes, dont les bêtises ont un cachet particulier. Il aime beaucoup sa sœur et veut l'épouser. — Mais je ne peux pas t'épouser, lui dit-elle ; je suis ta sœur. Nous sommes trop proches parents. — Quelle bêtise, dit Jocrisse, trop proches parents ! Mon père a bien épousé ma mère.

Sa sœur en épouse donc un autre quelque temps après. — Ma sœur est enceinte, dit-il, quel ennui ! J'en ai pour neuf mois avant de savoir si je serai un oncle ou une tante. Il veut dire : Si j'aurai un neveu ou une nièce. C'est digne du commentaire sur la parenté.

JOUER

Un seigneur allemand, connu par les grâces et la finesse de son esprit, alla un jour chez un prince de l'Empire : il y trouva nombreuse compagnie, et s'amusa beaucoup de l'extrême vivacité avec laquelle quelques petits princes, qui y étaient, se traitaient mutuellement d'*altesse*.

Sortant de là, il fut faire une autre visite, et revint chez lui. On lui demanda comment il avait passé la soirée. — J'ai été dans deux maisons, répondit-il : dans l'une, on jouait à *l'altesse*, et dans l'autre, au *loto*.

JOUEUR

— Quatre joueurs ont joué toute une nuit dans une société, disait-on à une dame, et le matin chaque joueur avait gagné dix francs. La dame ne pouvait comprendre un tel fait pourtant bien simple ; les quatre joueurs étaient quatre joueurs de violon.

JUSTE

Un Allemand, dit-on, apprenant le français, vit dans un dictionnaire que juste et équitable étaient synonymes. Il essaya des bottes qui le gênaient : — Vous m'avez fait, dit-il à son cordonnier, des bottes qui sont par trop équitables.

K

Les lettres K C et les lettres K O T sont désagréables au lecteur.

K

Un homme qui s'appelait Franqlin songea qu'il pourrait bien être le parent de ce fameux Américain, que les philosophes ont si bien fait mousser. Il alla donc trouver à Paris le neveu de Franklin et lui présenta ses papiers. — Monsieur, lui répondit le jeune homme, faites un K de votre Q, et vos papiers pourront alors vous servir.

KARR

On s'est amusé à chercher les aptitudes et les qualificatifs de M. Alphonse Karr, qui a un esprit si original, et on a fait ces médiocres calembours :

Karr abat (*Carabas*), Karr casse (*carcasse*), Karr touche (*Cartouche*), Karr aime (*carême*), Karr nage (*carnage*(, etc.

KANIFERSTANE

Un Parisien, allant de La Haye à Amsterdam, remarqua une de ces riantes maisons de campagne qui bordent la route (on allait encore alors en diligences), et demanda en français à un Hollandais, son voisin :

— A qui appartient ce délicieux château? Le Hollandais lui répondit: *Ik kan niet verstaan* (je ne comprends pas). Le Parisien traduisant cette phrase comme il l'entendait prononcer, reprit :— Ah! cette belle demeure appartient à M. Kaniferstane. C'est un mortel bien heureux.

En entrant à Amsterdam, il vit passer trois charmantes jeunes filles et demanda à un passant: Quelles sont ces demoiselles si brillantes? il ne reçut pour réponse que la phrase de la route. — Ce sont les demoiselles Kaniferstane, se dit-il. Cet homme est bien privilégié !

Un des palais d'Amsterdam donna lieu à de nouvelles admirations. — Cet homme, dit le Parisien, est vraiment le marquis de Carabas.

En passant devant la loterie, il entendit sonner des fanfares, qui annonçaient que le gros lot venait de sortir. Il voulut savoir qui l'avait gagné ; et comme on lui jeta encore l'*ik kan niet verstaan*, il se récria de nouveau sur le bonheur-monstre de ce M. Kaniferstane.

Un peu plus loin il rencontra un enterrement pompeux ; il salua le convoi et demanda qui était le défunt. Sur la réponse habituelle des Hollandais qui n'entendent pas le français, il pensa que M. Kaniferstane avait ici-bas une félicité trop grande pour qu'elle fût durable ; et il gagna son hôtel, en faisant de sages réflexions sur la fragilité des choses d'ici-bas.

L

Quelles sont les lettres les plus agiles ? — Les lettres L E.

On a fait cette petite espièglerie pour la lettre L :

> Saint Louis l'a par devant,
> Saint Michel l'a par derrière,
> Les demoiselles l'ont deux fois,
> Les dames l'ont perdue,
> Les hommes ne l'ont pas.

On dit proverbialement qu'un homme en a dans l'aile pour signifier qu'il passe la cinquantaine, par une mauvaise allusion à la lettre L qui, dans le chiffre romain, exprime cinquante.

LA

Une dame, qui chantait médiocrement dans une société, ne pouvant achever son air, dit à un homme d'esprit qui se trouvait à côté d'elle : — Je vais le reprendre en *mi*. — Non, Madame, répondit-il, restez-en *la*.

LACHE

Un Gascon se fit faire un bel habit, et il demanda à ses amis ce qu'il leur en semblait. Un d'eux en mania le drap, qu'il trouva un peu lâche.

— Comment lâche! reprit le Gascon, que l'on m'en cherche d'autre; je ne veux rien de lâche autour de moi.

Le cardinal de Richelieu ayant eu la patience d'entendre lire une tragédie de La Calprenède, dit: « La pièce n'est pas mauvaise, mais les vers sont lâches. — Comment, lâches, s'écria le rimeur gascon! cadédis! il n'y a rien de lâche dans la maison de Calprenède. »

LA-HAUT

Dans les embarras de la république qui surgit en 1848, la femme de l'un des utopistes d'alors reçut la visite d'une amie. — Bonjour, chère citoyenne, je vois que tu es prospère, et ton mari? — Il travaille, ma chère, dit la dame du logis en indiquant du doigt l'étage supérieur, où son mari s'enfermait pour ses élucubrations. — Mais, reprit la visiteuse, ne vois-tu pas comme tout va mal? — Je le vois trop. Tout le monde veut gouverner. — Nous sommes en vérité dans un gâchis tel, qu'il n'y a que celui qui est là-haut qui puisse nous en tirer. — Tu as bien raison, ma chère ; aussi je te dis qu'il y travaille. — Elle appliquait à son mari ce que l'autre disait du bon Dieu.

LAIDS

Après qu'on eut nommé le département des Deux-Sèvres (pays de Niort), on voulut nommer le pays de Fontenay département des Deux-Lays (de ses principales rivières, le grand Lay et le petit Lay).

MM. Buron et Mercier, deux députés de ce département, tous deux les plus laids de l'assemblée, firent observer que si on adoptait ce nom pour leur département, on en ferait contre eux un affreux calembour et qu'on l'appellerait le département des deux laids. Ce qui fit qu'on l'appela département de la Vendée, du nom d'une petite rivière qui est à sec la moitié de l'année.

LAINE

Quelqu'un disait à un berger : — Ne faites jamais tondre vos moutons. — Et pourquoi donc ? — Parce qu'on devient poussif, lorsqu'on a perdu l'haleine.

On disait d'un homme qui avait la bouche malsaine : — Il est bon à tondre, car il a l'haleine forte.

Quel événement a fait renchérir les draps ? — L'enlèvement d'Hélène.

LAMICHODIÈRE

Un étranger dinant chez M. de La Michodière, président de la cour royale de Paris, et l'entendant appeler par ses familiers Lamichodière tout court, ne crut pas pouvoir se permettre cette liberté et ne l'appela pendant tout le repas que M. Chaudière. Ce qui divertit un peu les amis conviés.

LANGUES

Madame Denis, la nièce de Voltaire, prenant une leçon d'anglais, disait à son maître, fatiguée qu'elle était de la prononciation de cette rude langue : « Vous écrivez *bread*, pourquoi prononcer *bred* ? Ne serait-il pas plus simple de dire tout bonnement *du pain* ? »

LAPIN

Un farceur disait que la dynastie des lapins allait vite, que peu après *la pincette*, on en était déjà à *l'appendix*.

LARCIN

Les naturalistes nous apprennent que les rats sont joyeux quand ils peuvent vivre de lard sain.

LAVER

Un farceur demandant quelque chose à une femme lui disait : — Je crois, Madame, que vous l'avez. — Non, Monsieur, répondit-elle, je ne lave pas.

LÉPREUX

Le public vit un calembour involontaire dans ce vers du *Siége de Paris*, de M. le vicomte d'Arlincourt.

Ce sont ces chevaliers que l'on nomme *les preux*.

DES CALEMBOURS.

LETTRES

On fait beaucoup de jeux de mots avec les lettres de l'alphabet. On a publié celui-ci sous Louis XVIII :

La liberté D. C. D.
Les doctrinaires A. I.
Les pairs E. B. T.
Deux cents députés H. T.
La gloire A. B. C.
La dette O. C.
La liberté de la presse O. T.
Le crédit B. C.
La charte L. U. D.

HISTOIRE D'HÉLÈNE.

L. n. n. e. o. p. y. L. i. a. t. t. l.
Hélène est née au pays grec. Elle y a tété ; elle
i. a. v. q. l. i. a. e. t. l. v. l. i. a. e. t. o. q.
y a vécu. Elle y a été élevée ; elle y a été occu-
p. l. i. a. e. t. e. d. l. i. a. m. e. l. i. a.
pée ; elle y a été aidée ; elle y a aimé ; elle y a
e. t. m. e. e. a. i. l. i. a. e. t. d. s. e. d. i. t. l.
été aimée et haïe ; elle y a été déesse et déité ; elle
i. a. c. d. l. i. a. o. b. i. l. i. a. e. t. h. t. l.
y a cédé ; elle y a obéi ; elle y a été achetée ; elle
i. a. e. t. a. j. t. a. b. c. k. o. t. l. i. a. v. g. t.
y a été agitée, abaissée, cahotée ; elle y a végété.
l. i. a. r. i. t. e. l. i. e. d. c. d. a. g. e. k. c.
Elle y a hérité, et elle y est décédée, âgée et cassée.

LÉZARD

Une vieille, voyant au-dessus de la porte d'un lycée de Paris :

Les arts nourrissent l'homme et le consolent,

s'écria : — Que ces gens-là mangent des lézards tant qu'ils voudront ; je ne ferai pas de tort à leur dîner.

LIBERTÉ

Dans le temps où les mots liberté, égalité, fraternité, cocarde nationale, faisaient tourner la tête à tout le monde, les habitants d'un village du Périgord obligèrent leur curé, non-seulement à mettre une cocarde au Saint-Sacrement, mais encore à tenir le tabernacle ouvert jour et nuit, par la raison que tout le monde étant libre en France, leur bon Dieu ne devait pas, plus que tout autre, demeurer enfermé.

LIÉGE

Quelles sont les femmes les plus légères ? — Ce sont les femmes de Liége et les femmes de Tulle.

LIGNE

Comment feriez-vous pour pêcher tous les poissons de la Seine ?
— Je prendrais un régiment de lignes.

LISIÈRE

Pourquoi ne mène-t-on pas les petits enfants dans les bois ? — Parce qu'on ne les mène alors qu'à la lisière.

LOCUTIONS

Lorsque le projet de loi de la translation des cendres de Napoléon fut porté aux Chambres, un de nos honorables s'écria : — Les cendres ! Est-ce que ces gueux d'Anglais auraient eu l'infamie de brûler le grand homme ?

Des soldats de l'expédition d'Égypte disaient dans les sables : — Il fait bien soif par ici.

Le poëte Méry est très-frileux. Dans les grands froids, enveloppé de couvertures, il s'enferme auprès d'un grand feu, ne sort plus, et fait dire à ses amis qu'il est malade. Quand on vient le voir et qu'on lui demande quel est son mal, il répond : — Hélas ! j'ai l'hiver ! (Voyez *Mots*.)

LOIN

On disait à un enfant de Pontoise qui montrait d'heureuses dispositions : — Mon enfant, vous irez loin. — Pas de sitôt, répondit-il ; maman ne veut pas même que j'aille jusqu'à Paris.

LONDRES

La ville des brouillards. Pendant un séjour que fit à Londres madame de Staël, une de ses amies qui revenait en France lui demanda si elle avait quelque commission à lui donner. — Aucune autre, répondit-elle, que de faire mes compliments au soleil, quand vous le reverrez.

LOUER

Lorsque le duc d'Orléans, Philippe-Égalité, convertit son jardin en un vaste bazar, et le couvrit de boutiques, il tomba sur lui un déluge de quolibets et d'épigrammes. Son propre père s'en mêla, et il dit : — Je ne sais pas d'où vient l'acharnement du public contre mon fils ; j'y vois de plus près que les autres, et je puis assurer que tout est à *louer* chez lui.

LUMIÈRES

Dans un repas donné par un nouveau parvenu, l'un des convives porta un toast à la propagation des lumières. Les gens qui servaient à table s'empressèrent de moucher les chandelles.

LUSTRE

Un plaisant, voyant deux hommes qui portaient un lustre, dit à ses voisins : — Voilà cinq ans qui passent.

M

MAÇONNERIE

Un charpentier critiquait un carillonneur sur sa manière : — Allez à vos bûches, dit celui-ci, et ne vous mêlez pas de ma sonnerie.

MADELEINE

— Que faudrait-il pour bouleverser *l'amas de laine ?*
— Un *cardeur*.

MAINTENON

Sur la fin du règne de Louis XIV, le grand dauphin parut surpris de la détresse qui semblait menacer le royaume : — Mon fils, dit le roi, nous maintiendrons notre couronne. — Sire, répondit le dauphin, Main tenon l'a.

MAIRE

Le maire de Saintes écrivait à son fils, qui se conduisait mal : — Respectez votre père et maire.

Un bon cultivateur, maire de sa commune, se trouva dernièrement dans un grand embarras, dont il se tira fort adroitement. Sa femme était accouchée depuis trois jours, et l'adjoint de la commune venait de partir pour un village assez éloigné. Il fallait cependant dresser l'acte de naissance sur-le-champ. Le maire-père, après avoir mûrement réfléchi, s'en acquitta de la manière suivante :

« Ce jourd'hui, etc., étant accompagné de tels et tels, mes témoins, je suis comparu devant moi, maire de la commune de..., à l'effet de me déclarer que ma femme vient d'accoucher d'un enfant vivant et bien constitué.

« Sur la demande de quel sexe est l'enfant et quels étaient ses père et mère, je me suis répondu qu'il est du sexe masculin et fils de moi, François Piot, et de Madeleine Bidou, mon épouse ; en foi de quoi, j'ai signé le présent, avec moi, maire, et lesdits témoins.

« *Signé* : FRANÇOIS PIOT, père,

« et FRANÇOIS PIOT, *maire.* »

MAL

Un dentiste disait à son fils qui voulait donner dans les grandeurs : — Eh ! Monsieur, ne cherchez pas à vous élever; faites comme votre père : arrachez-moi de bonnes dents; j'en arrache; mon père en arrachait, mon grand-père en a arraché, et nous n'avons jamais fait de mal à personne.

MALADE

Henri IV, ayant appris que deux médecins avaient fait abjuration, dit à Duplessis-Mornay : — Ventre Saint-Gris! monsieur Duplessis, votre religion est bien malade; les médecins l'abandonnent.

MANCHE

On appelle ainsi le détroit qui sépare la France de l'Angleterre. Lorsqu'on imprima, il y a quelques années, des cartes géographiques sur foulard : — Je ne vois pas l'utilité de cette invention, dit un bonhomme, si ce n'est que chacun peut avec cela se moucher proprement sur la Manche.

A propos de l'alliance conclue avec l'Angleterre pour la guerre d'Orient, on a dit que les Anglais et les Français se tenaient par la Manche.

MANGER

Un huissier ayant été signifier un exploit dans une ferme, on lâcha après lui deux énormes chiens, qui lui firent prendre aisément la fuite; et comme à son retour on lui demandait s'il avait été bien reçu : — Parfaitement, dit-il; et la preuve, c'est qu'on a voulu me faire manger.

L'abbé de Choisy, passant devant le château de Balleroy, qu'il avait été obligé de vendre, s'écria : — Ah! que je te mangerais bien encore!

Montmaur étant un jour à table avec grande compagnie de ses amis, qui parlaient, chantaient et riaient tout ensemble : — Eh! Messieurs, s'écria-t-il, un peu de silence; on ne sait ce qu'on mange.

MANQUER

Gourville, rencontrant au bois de Boulogne un médecin de ses amis qui avait un fusil, lui dit : — Où allez-vous donc ? — Voir un malade à Auteuil. — Il paraît, répliqua Gourville, que vous avez peur de le manquer.

MANTEAU

On demandait à Londres à un ambassadeur belge : — Quel est le manteau le plus chaud ? Il répondit : — C'est le manteau de la cheminée.

MARCA

Pierre de Marca fut nommé à l'archevêché de Paris, et mourut en 1662, le jour même que ses bulles arrivèrent. Colletet lui fit cette épitaphe :

> Ci-gît monseigneur de Marca,
> Que le roi sagement marqua
> Pour le prélat de son Église;
> Mais la mort qui le remarqua,
> Et qui se plaît à la surprise,
> Tout aussitôt le démarqua.

MARCHAND

Un vagabond, à qui le tribunal demandait quel était son état, répondit qu'il était marchant, attendu qu'il ne voyageait qu'à pied.

MARÉCHAL

Un maréchal ferrait un des chevaux d'un maréchal de France qui passait sur la route. Pendant l'opération, il entendit les domestiques qui appelaient l'illustre voyageur monsieur le maréchal; et, quand on fut pour le payer, il refusa, en faisant observer qu'il ne prenait rien d'un confrère.

MARÉCHAUSSÉE

Une poissarde de la rue Montorgueil, à Paris, avait pour enseigne un merlan dans une botte, avec la légende : *A la marée chaussée.*

MATIGNON

On a beaucoup dit sur la simplicité d'un certain M. de Matignon. On a dit qu'il avait fait paver son pré pour empêcher les taupes d'y fouiller; qu'il avait fait reculer la cheminée, parce que, de l'endroit où il se plaçait, le feu lui brûlait les jambes; qu'un mouton étant trop gros pour régaler ses amis, il n'en avait fait tuer que la moitié, etc.

Un autre ingénu avait pris un pot de terre en guise d'oreiller, et, le trouvant trop dur, il le rembourra de paille.

MÉDECINE

— Qu'est-ce que la médecine? demande Bobèche à l'un de ses amis.

— La médecine, répond celui-ci, c'est l'art de guérir les maladies; c'est une science...

— Du tout, tu n'y es pas, répond Bobèche : la *médecine*, c'est *la femme du médecin*.

MÉGARDE

Un colonel, défendant son fils accusé, disait aux juges : — Je puis vous prouver que le délit dont mon fils est accusé a été commis par *mégarde*. — C'est différent, dit le juge; alors nous allons assigner vos gardes.

MELON

Un incident singulier a égayé un jour l'audience de la justice de paix du sixième arrondissement. M. L..., marchand grainetier et sergent-major de la garde nationale, accusait M. B..., professeur suppléant d'histoire dans un collége de Paris, de l'avoir appelé *melon* à la suite d'un coup mal joué dans une partie de dominos à quatre. Le plaignant exigeait une rétractation formelle et des dommages-intérêts considérables.

L'accusé présenta ainsi sa défense :
Sous le règne de Constantin le Grand...

— Au fait, Monsieur, au fait, dit le magistrat qui voit poindre une harangue interminable.

— J'y arrive. Sous le règne, dis-je, de Constantin le Grand, vivait à Lugdunum Horatius Melo, illustre praticien qui, après s'être couvert de gloire en introduisant dans la Gaule le savoureux tubercule auquel il a donné son nom...

Le juge sourit et le front du plaignant se dérida à vue d'œil.

— Mon honorable ami L..., continue l'orateur avec feu, a donc grand tort de s'offenser d'une épithète qui prouve au contraire le grand cas que je fais de ses vertus civiles et militaires.

Le grainetier, quittant précipitamment son siége, serre avec effusion la main du professeur, et, abjurant toute rancune, lui promet de donner à son premier enfant les glorieux surnoms d'Horatius Melo.

Il suffira de quelques procès de cette nature pour réhabiliter dans l'opinion publique le cornichon, le concombre, et tous les membres de la grande famille des citrouilles.

MÉMOIRE

C'est encore ici une scène de tribunal; et celle-ci à propos d'une distribution de prix.

LE JUGE. — Monsieur Blondel, vous avez payé d'avance et pour un an la pension de votre fils?

BLONDEL. — C'est vrai, mais il n'en est pas moins bête comme un âne.

LE JUGE. — Et maintenant vous voulez qu'on vous rende votre argent?

LE MAITRE D'ÉCOLE. — C'est contraire à l'usage, on ne rend jamais l'argent chez moi.

BLONDEL. — Cependant je veux le mien, je ne veux pas laisser mon fils en pension chez vous.

LE JUGE. — Pourquoi donc?

BLONDEL. — A cause de la distribution des prix.

LE JUGE. — Expliquez-vous.

BLONDEL. — Imaginez-vous, mon juge, que mon enfant, qui aura onze ans à la Saint-Nicaise, allait en classe chez cet homme contre lequel je plaide. Il y apprenait à ravir... la manière d'arracher sa culotte et de se fourrer des barbes de plumes dans les narines. (Rire général.) Bref, je croyais qu'à part ces connaissances spéciales, mon enfant aurait fait quelques progrès dans les sciences... le maître d'école que je consultais à ce sujet, la veille de la distribution des prix, me répétait qu'il serait récompensé selon son mérite.

LE MAITRE D'ÉCOLE. — Il a eu un prix, il l'a été, récompensé; donc pas de reproche à me faire.

BLONDEL. — Joliment ma foi. Vous saurez que, n'ayant pas eu le temps d'aller voir couronner mon fils, je l'envoyai le jour de la distribution des prix se faire couronner tout seul. Mon petit bonhomme revient avec une couronne atroce (rire), grosse comme le bras, de quoi orner le front d'un géant; quand il la mettait sur sa tête, elle lui tombait sur le ventre. (Rire général.) « Quel prix as-tu eu? lui dis-je. — Ah! papa, j'ai oublié mon prix. — Mais enfin quel prix était-ce? — J' sais pas, papa. — Diable d'enfant! ne pas savoir le prix qu'on a remporté... Est-ce d'orthographe? — Non, p'pa. — C'est peut-être d'écriture? — Non, p'pa. — De calcul? — Non p'pa. — Quelle pauvre tête!... ne pas se souvenir de son prix!... Je vais à la pension moi-même pour le chercher... Savez-vous quel prix mon fils avait remporté?

LE JUGE. — Lequel donc?

BLONDEL. — Le prix de mémoire. (Longue et bruyante hilarité.)

Le maître d'école, pendant le rire général, rend à M. Blondel le montant de la pension de son fils, et sort furieux du prétoire.

MENER

François II, empereur d'Allemagne se rendait à Laxembourg, forteresse curieuse élevée au milieu d'un lac. Sans suite et sans gardes, il s'amusait à conduire lui-même une barque. Il y en a beaucoup sur ses rives. Un villageois s'approche et l'appelle ; il le prend pour un batelier. « Ohé ! passez-moi ! lui crie-t-il. — Volontiers, » répond le monarque.

Le paysan s'assied tranquillement dans la nacelle ; et le souverain la dirige. « Combien vous faut-il maintenant ? dit le rustre arrivé au but, et tirant sa bourse. — Rien, mon ami, répond l'empereur... — Vous ne menez donc pas par état ? — Si fait, je mène... mon empire. »

MENTON

Un Anglais et un Français se battaient au pistolet. Le premier, au moment de tirer, n'étant pas encore bien décidé à se battre, dit : « Parlementons. — Soit, » dit l'autre. Et la balle vint traverser la mâchoire inférieure de son adversaire.

MERLAN

Un chercheur d'esprit disait, en passant devant une mairie où les affaires n'allaient pas vite : « On peut faire maigre là tous les jours, car on y trouve à tout heure un maire lent. »

MERVEILLE

En 1812, il y avait dans la rue Saint-Honoré un confiseur qui s'appelait Veille. Dès qu'il eut un fils, il fit savoir au public qu'on pouvait venir chez lui admirer la mère Veille.

MESSIDOR

Quel est le mois que les juifs aiment le mieux ? — Le mois de juillet, qui dans la république leur amenait un *Messie d'or.*

MESURE

On dit des musiciens que quand il s'agit de payer, ils sont rarement en mesure.

MILLE ANS

Napoléon Ier aimait assez les calembours.

En 1796, lorsqu'il sollicitait le commandement en chef de l'armée d'Italie, il n'avait que vingt-sept ans; et, lui opposant son âge, on balançait à le nommer. « Vous me trouvez trop jeune, dit-il, pour commander en chef; eh bien, accordez-moi ma demande, et je vous réponds que dans six mois j'aurai Milan. »

MINE

Guillot-Gorjus disait à Turlupin : — Tu m'as fait la mine. — Non, répondit Turlupin, si je te l'avais faite, tu l'aurais plus belle.

MOITIÉ

Deux villageois avaient acheté un cochon en commun; au bout de six mois, l'un voulait le tuer, l'autre ne voulait pas. « Si vous ne voulez pas tuer votre moitié, dit le premier, laissez moi tuer la mienne. »

MONARCHIEN

Les dictionnaires nous apprennent que monarchien signifie, comme monarchiste, partisan de la monarchie. En 1793, un boucher, nommé Monar, était dur aux pauvres gens, auxquels, dans la détresse générale, il refusait tout crédit. Un pauvre homme, fâché, écrivit sur sa porte *monar chien*. C'était une dénonciation. Il fut arrêté comme suspect, et sans son ami Henri, le boucher historique, il eût pu y passer.

MONDE

Un bonhomme disait : « Je ne connais pas d'endroit où il se passe plus de choses que dans le monde. »

MONORIMES

Un des plus curieux tours de force en monorimes, employant les cinq voyelles dans leur plus rare situation, a été fait par l'abbé de Latteignant ; on le chantait jadis sur l'air : « *En quatre mots je vais vous dire ça.*

I

Je hais les dés, les cartes, le trictrac ;
Je ne bois jamais de scubac
Ni de punch, ni de rack.
Par peur de la moindre chaque,
Je fuis sitôt qu'on m'attaque
Plus vite qu'un brac.
Je ne vais pas courtiser Bergerac ;
Et pour grossir mon sac
Je ne fais nul micmac.
Je n'ai d'horloge et d'almanach
Que mon seul estomac.

II

Je suis ravi du bon vieillard Issec.
Son langage est un vrai sorbec.
Malgré son vilain bec
J'irais le voir à la Mecque
Et rendre à ce vrai Sénèque
Un salamalec.

Près de lui j'aime autant un hareng pec
Même du pain tout sec,
Que perdrix et vin grec.
O mort, si tu le fais échec,
Viens m'enlever avec

III

Je suis charmé, quand je suis en pic-nic.
On est libre ; c'est là le hic,
En payant ric à ric.
Je fais quelques vers lyriques,
Mais jamais de satiriques ;
Ce n'est pas là mon tic.
Je crains bien moins la langue d'un aspic,
Les yeux d'un basilic,
Que le blâme public.
Je ne fais nul honteux trafic ;
Je suis dans mon district

IV

Je ne voudrais, pour l'or du monde en bloc,
Le sort m'eût-il remis au soc,
D'aucun bien être escroc.
D'un ami rien ne me choque ;
S'il me raille, je m'en moque,
Sans livrer le choc.
Et j'aime autant un forban de Maroc
Que le grand monsieur Roch,
Tant il a l'air d'un croc ;
Contre un turban ferais-je troc ?
Non, plutôt contre un froc

V

Je hais les eaux de Forge et Balaruc.
Je ne porte point chez Colduc
D'ordonnance d'Astruc.
Je ne veux, sous ma perruque,

> Porter cautère à la nuque,
> Dussé-je être duc.
> Car de son corps qui fait un aqueduc
> Devient bientôt caduc,
> Fût-il un gros heiduc.
> Mais le vin est, si j'en crois Luc,
> De tous le meilleur suc.

On a fait aussi sur ces mêmes rimes isolées cinq adages que voici :

> Le thésauriseur cherche le sac.
> Le promeneur cherche le sec.
> Le biographe cherche le sic.
> Le laboureur cherche le soc.
> Le gourmand cherche le suc.

On a publié, en février 1849, sur les désordres de l'Assemblée nationale constituante, les vers monorimes suivants :

> En voyant cet affreux micmac,
> On dit partout, même à Cognac,
> A Bergerac, à Ribérac,
> Que la république, au bissac,
> Fait un déplorable tic-tac,
> Qui peut finir par un cric-crac,
> Comme en a produit Polignac.
> Que voulez-vous? Proudhon et Bac,
> Ledru-Rollin et Cavaignac
> La poussent dans un cul-de-sac,
> Où, par quelque coup de Jarnac,
> On renversera son hamac.
> Que Dieu conserve son cornac!

MONSIEUR

Ce nom autrefois indiquait une seigneurie. On disait : M. de Mayence, pour l'électeur de Mayence.

M. de Paris, pour l'archevêque de Paris. On appelait Bossuet M. de Meaux, et, ce qui est assez singulier, Mme de Sévigné, en parlant du pape, disait : M. de Rome.

Un officier gascon, étant à l'armée, quitte un de ses camarades, et lui dit assez haut et d'un ton important : — Je vais dîner chez Villars. Le maréchal, qui se trouvait derrière cet officier, lui dit avec bonté : — A cause de mon rang et non à cause de mon mérite dites : Monsieur de Villars. — Cadédis! répond le Gascon sans s'émouvoir, on ne dit pas monsieur de César.

Le grand Condé, ennuyé d'entendre un fat parler sans cesse de monsieur son père et de madame sa mère, appela un de ses gens, et lui dit : — Monsieur mon laquais, dites à monsieur mon cocher de mettre messieurs mes chevaux à monsieur mon carrosse.

MONTER

Une servante apporte le mémoire du mois à son maître; il y remarque pour trente francs de lait. — Comment! dit-il, je dois tant que ça à la laitière? — Mon Dieu oui, Monsieur; c'est qu'il n'y a rien qui monte comme le lait.

MONTRER

Une princesse passait tous les matins à apprendre l'hébreu. Un jour que son maître de langue était entré chez elle avec une culotte déchirée, le prince son mari lui demanda ce que cet homme venait faire dans sa chambre. La princesse lui dit : — Il me montre l'hébreu.

— Madame, répondit le prince, il vous montrera bientôt le derrière.

MORCEAUX D'ENCENS

On demandait à M. Castil-Blaze quels étaient les morceaux de musique qui avaient la meilleure odeur. Il répondit : — Ce sont les morceaux dansants.

MORDANT

On demande pourquoi les gens décédés mangent du bois. — Parce qu'on les trouve *morts dans* leurs bières.

MORT

Trois députés des États de Bretagne étant venus pour haranguer le roi, l'évêque, qui était le premier, oublia sa harangue, et ne put dire un seul mot. Le gentilhomme qui le suivait, se croyant obligé de prendre la parole, s'écria : — Sire, mon grand-père, mon père et moi sommes tous morts à votre service.

Un plaisant en fiacre, voyant passer un convoi funèbre qui s'en allait au cimetière du Père-Lachaise, dit au cocher : — Retenez vos chevaux et empêchez-les de prendre le *mort aux dents.*

De tous les genres de mort dont on avait donné le choix à Arlequin, il préféra celui de mourir de vieillesse ou d'indigestion.

MOTS

Un célibataire venait d'acheter une paire de mouchettes ; sa gouvernante lui ayant fait observer qu'elles étaient bien petites, il répondit qu'elles étaient bien assez grandes pour une personne seule.

Une ronde arriva près d'un poste. Un seul homme se trouvait présent à ce moment, c'était le factionnaire. Le capitaine de la ronde, furieux, s'avance sur lui en disant : — Comment, tas de coquins, vous n'êtes qu'un ?

Une femme d'esprit disait d'un orateur boursouflé qui avait une certaine réputation d'éloquence : — Il est vrai qu'il trouve facilement ses phrases; mais quand il les a trouvées, il est obligé de chercher ce qu'il mettra dedans.

Un Américain, ayant vu six Anglais séparés de leur troupe, eut l'audace de leur courir sus, d'en blesser deux, de désarmer les autres et de les amener au général Washington. Le général lui demanda comment il avait pu faire pour se rendre maître de six hommes. —Aussitôt que je les ai vus, répondit-il, j'ai couru sur eux et je les ai enveloppés.

Un bourreau, conduisant au gibet un pauvre diable, lui dit : — Écoutez, je ferai de mon mieux; mais je dois vous prévenir que je n'ai jamais pendu. — Ma foi, répond le patient, je vous avouerai également que je n'ai jamais été pendu non plus ; mais, que voulez-vous! nous y mettrons chacun du nôtre. Il faut espérer que nous nous en tirerons.

Le deuxième consul, Cambacérès, donnait une fête à laquelle se trouvaient beaucoup d'artistes. Elle touchait à sa fin, lorsque Cambacérès invita Garat à chanter. Celui-ci, piqué de ce que l'on ne se fût pas adressé plutôt à lui, tire sa montre et répond : — Impossible, citoyen consul; il est minuit : ma voix est couchée.

L'expression « à faire trembler » est si familière aux Gascons, qu'ils l'emploient à tout propos. Quelqu'un faisait observer ce gasconisme à un officier gascon, qui répondit par cette gasconnade : — Que l'expression « cela fait trembler » est la plus forte qu'un Gascon puisse employer en quelque circonstance que ce soit, parce qu'il n'y a rien dans la nature qui soit au-dessus de ce qui fait trembler un Gascon.

Le mot « au contraire » pour *non* est encore très-usité par les Gascons. Les députés des États du Languedoc étant à Versailles à l'audience du roi, un Gascon du cortége trébucha et tomba. Comme tout le monde lui demandait s'il s'était fait mal en tombant, il dit gaiement en se relevant : — *Au contraire.* Cette manière de parler fit rire ceux qui étaient présents. Les uns prétendaient que c'était un gasconisme, les autres une gasconnade. C'était l'un et l'autre.

Dans un grand dîner que donnait Louis XVIII, le vieux roi, s'adressant à un seigneur, vieux aussi, lui demanda si un certain mets qu'il lui désignait, et que le roi aimait fort, était de son goût. — Sire, lui répondit le courtisan, je ne fais jamais attention à ce que je mange. — C'est un tort que vous avez, reprit le roi ; à tout âge il faut faire attention à ce qu'on mange, et au vôtre à ce qu'on dit.

M. le comte de Mailly de Beaupré portait toujours à l'armée son chapeau à la tapageuse, en sorte que la cocarde se trouvait derrière. — Voilà, disait un de ses officiers, une cocarde qui a bien souvent vu l'ennemi.

Un conseiller borgne, voulant décider seul une contestation épineuse, une autre espèce de turlupin lui dit : — Croyez-moi, empruntez les lumières d'un de vos confrères ; deux yeux valent mieux qu'un.

Un célèbre buveur, étant à l'article de la mort, pria un de ses amis, qui était à côté de son lit, d'y faire apporter un verre d'eau, en disant : — A la mort, il faut se réconcilier avec ses ennemis.

Le poëte Bret, qui a fait sur Molière des commentaires assez estimés, alla voir, dans sa jeunesse, un seigneur bourguignon, qui, enflé de sa fortune et de ses titres, lui dit que ses vassaux ne s'asseyaient et ne se couvraient jamais devant lui. — Corbleu! réplique Bret en enfonçant son chapeau sur ses oreilles et se jetant dans un grand fauteuil, ces gens-là n'ont donc ni cul ni tête?

La basse bohème, à Paris, emploie une langue à part. Après s'être traités, dans une dispute, de polichinelle et de caricature empaillée, les deux casseurs d'assiettes se retroussent les manches pour se donner ce qu'ils appellent une raclée, une peignée, une rincée, et le plus rageur dit à l'autre : — Numérote tes os, que je te démolisse! On arrive alors, et on les sépare, à moins que ce ne soient des Auvergnats.

MOURIR

Un malade interrogé pourquoi il n'appelait pas un médecin : « C'est, répondit-il, parce que je n'ai pas encore envie de mourir. »

MOUSSES

On demande pourquoi les marins font tant de cas du vin de Champagne. — C'est pourtant bien clair. Leur raison est que c'est le vin qui produit le plus de mousse.

MULE

Voici un exemple de la tolérance et des lumières des ennemis systématiques de Rome. Un journal anglais a donné, il y a dix ans, à ses lecteurs un récit tronqué du voyage de S. S. Grégoire XVI à Ancône. L'auteur de ce récit, copié d'après les feuilles françaises, a traduit la mule du pape par *mule*, animal. Mais, non content de commettre cette grossière méprise, il y ajoute quelque chose de sa façon. Ainsi, il raconte que « Sa Sainteté était assise sur un trône, un de ses pieds reposait sur un tabouret recouvert de velours rouge; la mule, RICHEMENT CAPARAÇONNÉE DE MÊME COULEUR, se trouvait à ses côtés. Toutes les personnes, ajoute-t-il, qui étaient admises dans le salon, s'agenouillèrent trois fois et allèrent baiser la mule. »

L'écrivain accompagne ce récit des commentaires les plus ridicules; il s'élève contre la superstition des catholiques qui s'avilissent au point de baiser de vils animaux. C'est là de l'idolâtrie, du fétichisme, etc. Il conclut en faisant l'éloge de la réforme, qui a aboli le culte des mules, etc.

Si des journalistes se trompent à ce point sur ce qui concerne le chef visible de l'Église, est-il étonnant que tant de réformés, en Angleterre comme en Allemagne, nourrissent des préjugés absurdes contre le catholicisme?

MUR

Lorsque les fermiers généraux enfermèrent Paris d'un mur d'enceinte en 1785, cette innovation triste souleva presque autant de clameurs que l'enceinte continue en 1840. On fit là-dessus le vers qui suit:

Le mur murant Paris rend Paris murmurant.

N

NACELLE

Quel est l'âne qui va le mieux à l'eau? — C'est *l'âne à selle.*

NAIN

La vie que menait, au dernier siècle, le prince d'Hénin, lui attira cette épigramme de Champcenetz :

> Prince, à te juger par ton train,
> Tu fais un rôle des plus minces;
> Tu n'es plus le prince d'*Hénin,*
> Mais seulement le nain des princes.

NAIVETÉ

On recommandait à une dame malade de boire de l'eau de sedlitz, et on lui disait : « Il n'y a que le premier verre qui coûte à boire. — Eh bien ! dit la malade, je ne prendrai que le second. »

M. de D*** recommanda très-instamment qu'on l'ouvrît, et en donna la raison suivante : « Les médecins n'ayant pu s'accorder entre eux sur le genre de ma maladie, je ne serais pas fâché de savoir à quoi m'en tenir sur la cause de ma mort. »

Un conseiller disait à un ami : « Si j'avais quelque chose de bon, je vous dirais de dîner avec moi. » Le domestique qui le suivait lui dit à demi-voix : « Monsieur, vous avez une tête de veau. »

Un banquier anglais, nommé Fer ou Fair, fut accusé d'avoir fait une conspiration pour enlever le roi

(George III), et le transporter à Philadelphie. Amené devant ses juges, il leur dit : « Je sais très-bien ce qu'un roi peut faire d'un banquier, mais j'ignore ce qu'un banquier peut faire d'un roi. »

Un dame de la cour dit un jour : « C'est bien dommage que l'aventure de la Tour de Babel ait produit la confusion des langues; sans cela, tout le monde aurait toujours parlé français. »

On pressait une femme lancée dans l'esprit et dans les sciences, et qui devait aller à l'Observatoire voir une éclipse de lune. « Ne vous inquiétez pas, dit-elle, M. de Lalande a beaucoup de bontés pour moi; si c'est fini quand nous arriverons, il fera recommencer. »

Un provincial, étant à Saint-Cloud, vit Napoléon dans ses jardins :

« Je l'ai vu, dit-il, ce grand empereur, qui se promenait lui-même. »

NERF DE BŒUF

On disait d'un homme colère qu'il ne s'expliquait jamais qu'avec un air de bœuf.

NÉRON

Dans le temps où quelques hommes changeaient de nom pour prendre les noms de Brutus, de Scévola, de Fabricius, Publicola, etc., un membre de la section des Tuileries disait à la tribune : « Et moi aussi je veux prendre un nom romain, afin que l'on ne doute plus de mon patriotisme; je veux m'appeler comme celui qui mit le feu dans la commune de Rome pour faire brûler les aristocrates, et qui manqua d'être la victime d'Épicharis et de Séjan... celui... Parbleu!...

Aidez-moi donc... celui... qui... pardienne, vous n'en connaissez pas d'autre, celui qui n'avait pas comme qui dirait un nez pointu...

— Que t'es bête, lui dit un collègue, c'est nez rond.

— Oui, c'est ça, je me baptise *Nez rond*.

NEUF

Ah! mon cher ami, que je suis aise de vous rencontrer. Savez-vous ce qu'on dit de neuf?

— Non, eh bien?

— Eh bien, on dit que c'est la moitié de dix-huit.

NEZ

Un camus annonçait à ses amis que sa femme venait d'accoucher. — Ah! tant mieux, lui répondit-on, tu auras un *nouveau-né*.

Quel événement a ruiné les marchands de tabac?
— La descente d'Énée aux enfers. (Voyez *Diné*.)

M. Fouquier-Long, n'ayant pas été réélu par le département de la Seine-Inférieure, son épouse signa depuis ses lettres et billets : Femme Fouquier, *née Long*.

Dans la petite pièce intitulée: *le Sourd*, le papa Doliban donne ainsi le signalement de son gendre futur : « Front large, cheveux châtains, nez aquilin... »

— Comment, né à Quilin! papa, vous vous trompez; vous savez bien que je suis né à Châlons-sur-Marne.

M. Renaudot, médecin à Montpellier, avait le nez camus. Il perdit contre Guy-Patin, médecin de Paris, un procès et s'en plaignait fort en sortant de l'audience. Guy-Patin lui dit : « Si vous avez perdu d'un côté, vous avez gagné de l'autre; car vous étiez entré ici avec le nez camus, et maintenant vous avez *un pied de nez.* »

On doit à Désaugiers le joyeux pot-pourri de la bouche et du nez, qui est farci de quelques jeux de mots. Nous le donnons ici :

POT-POURRI DE LA BOUCHE ET DU NEZ

Air : *Mon père était pot.*

Jugez si je fus étonné
   Lorsque, la nuit dernière,
Je sentis ma bouche et mon nez
   S'agiter en colère.
     Qui donc en sursaut,
     Me dis-je aussitôt,
   Si matin me réveille ?
     Le nez se moucha,
     La bouche cracha,
   Et je prêtais l'oreille.

LA BOUCHE, bâillant.

Air : *Je suis né natif de Ferrara.*

Maudit nez ! Le diable t'emporte
Ronfla-t-on jamais de la sorte !

LE NEZ.

Morbleu ! quel démon m'installa
Près de cette bavarde-là ?

LA BOUCHE.

Et c'est au milieu du visage
Qu'on loge un si sot personnage !

LE NEZ.

Tout sot que je suis, je me croi
Encor moins mâchoire que toi.

LA BOUCHE, piquée.

Air de *la Fanfare de Saint-Cloud.*

Que m'importent ta colère
Et tes sarcasmes mordants !

LE NEZ.

Est-ce pour me faire taire
Que tu me montres les dents ?

LA BOUCHE.

Va, je ris de tes sottises ;
Entends-tu, vilain camus ?

LE NEZ.

Quelque chose que tu dises,
J'aurai toujours le dessus.

LA BOUCHE.

Air : *Réveillez-vous, belle endormie.*

Nécessaire autant qu'agréable,
Je sers l'enfant et le barbon ;
Et de toi, qui fais le capable,
On ne peut rien tirer de bon.

LE NEZ.

Air : *La bonne aventure au gué !*

De quelque titre plâtré
    Que tu t'autorises,
Jamais je ne souffrirai
    Que tu me maîtrises.
Si tu le veux, fâche-toi ;
Je n'ai jamais craint, ma foi,
    D'en venir aux prises,
        Moi...
D'en venir aux prises.

LA BOUCHE.

Air : *Si Dorilas.*

Je suis utile à mille choses.

LE NEZ.

De ses dons le ciel m'a comblé.
C'est pour moi qu'on plante les roses.

LA BOUCHE.

C'est pour moi qu'on sème le blé.   *(bis.)*

LE NEZ.

Par moi l'on respire sur terre.

LA BOUCHE.

C'est moi qui préside aux repas.

LE NEZ.

L'homme, sans moi, ne vivrait guère.

LA BOUCHE.

L'homme, sans moi, ne vivrait pas.   *(bis.)*

LE NEZ.

Air de *l'Avare et son ami.*

Dans une maison, lorsqu'on entre,
A l'instant même du dîner,
Ne dit-on pas, frappant son ventre :
Ma foi ! je vois que j'ai bon nez ?

LA BOUCHE.

De tous les mets auxquels on touche,
Celui qu'on croit de meilleur goût
N'est-il pas celui que partout
On garde pour la bonne bouche ?   *(bis.)*

LE NEZ.

Air : *Jeunes filles, jeunes garçons.*

Tu conviens pourtant que jamais
Tu ne cessas d'être gourmande ? (*bis.*)

LA BOUCHE.

C'est bien toi que tout affriande,
Jusqu'à la seule odeur des mets.

LE NEZ.

Oui, leur parfum me touche;
J'en dois faire l'aveu ;
En tout temps, en tout lieu,
Je fus toujours un peu
　Sur la bouche. (*bis.*)

LA BOUCHE.

Air : *Dans la vigne à Claudine.*

As-tu juré de mettre
Ma patience à bout?
C'est trop me compromettre
Avec ce marabout.

LE NEZ.

En vain tu voudrais feindre;
J'ai su te battre...

LA BOUCHE.

　　Moi!
Que puis-je avoir à craindre
D'un morveux comme toi? (*trois fois.*)

LE NEZ, rouge de fureur.

Air : *Tenez, moi, je suis un bon homme.*

Qui? moi, morveux! dans ma colère,
Je vais te prouver sans pitié,

Que le nez est un adversaire
Qui ne se mouche pas du pied.
    (Après un moment de réflexion.)
Je me salis, si je te touche...
Il vaut bien mieux nous séparer...
Et, d'ailleurs, le nez et la bouche
Sont-ils faits pour se mesurer ?

LA BOUCHE.

Air : *Bon voyage, cher Dumollet.*

Bon voyage,
Mon cher voisin !
Nous en ferons tous deux meilleur ménage.
Bon voyage,
Mon cher voisin !
Loin l'un de l'autre, on est toujours cousin.

LE NEZ, se détachant et lui tournant les talons.

Tu vas savoir si du nez l'on se passe.

LA BOUCHE.

Dans quel quartier vas-tu donc demeurer ?

LE NEZ.

Je ne tiens pas une si grande place
Que je ne trouve enfin où me fourrer.

LA BOUCHE.

Bon voyage,
Mon cher voisin !
Nous en ferons tous deux meilleur ménage.
Bon voyage,
Mon cher voisin !
Loin l'un de l'autre, on est toujours cousin.
    (Le nez sort par une vitre cassée.)

LA BOUCHE, se regardant au miroir.

Oh ! grand Dieu ! sans nez que je suis laide !
J'ai tort, j'en conviens.

Cher nez, reviens
Vite à mon aide.
Oh! grand Dieu! sans nez que je suis laide!
Je sens qu'en effet
La nature avait tout bien fait.

LE NEZ, dehors, cherchant où se poser.

Mais où donc faut-il que je me place?
Mon œil étonné
Rencontre un nez
Sur chaque face.
Mais où donc faut-il que je me place?
Où donc me jucher?
Où me nicher? où me percher?

LA BOUCHE, au désespoir.

Oh! grand Dieu! sans nez que je suis laide!
J'ai tort; j'en conviens.
Cher nez, reviens
Vite à mon aide.
Oh! grand Dieu! sans nez que je suis laide!
Je sens qu'en effet
La nature avait tout bien fait.

LE NEZ, un peu honteux, reprenant sa place.

Air : *Qu'il pleuve, qu'il vente, qu'il tonne!*

Je voulais faire un coup de tête...
Mais toute réflexion faite,
Je reste où le destin m'a mis.
Peut-être ailleurs serais-je pis.

FINAL.

Air : *Aussitôt que la lumière.*

A ces mots ils s'embrassèrent;
Et, se tenant par la main,
Tous les deux ils se jurèrent
Alliance, accord sans fin.

C'est ainsi que, sur la terre,
Me dis-je alors en secret,
La discorde sait se taire,
A la voix de l'intérêt.

NICHES

Pourquoi les saints n'aiment-ils pas trop les maçons?
— Parce qu'ils leur font des niches.

NOIRCEUR

Un bourgeois facétieux, passant devant un couvent de femmes, disait : — Voilà une maison pleine de noires sœurs.

NOMS

Un journal de Lyon mentionnait, il y a quelque temps, quelques associations de noms propres qui donnent lieu à de plaisants jeux de mots. Ainsi, il y a eu dans cette ville une maison de commerce célèbre sous la raison de : *Lajoie, Rigodon, Vidon et C*^{e} Viennent ensuite MM. *Hyver*, marchand de charbons; *Gilet*, marchand de bas; *Mouton*, boucher; Mlle *Quinquet*, veilleuse. Tout cela, du reste, n'est rien à côté de l'adresse d'une lettre dont le *Salut public* garantit l'authenticité : *A Monsieur Vermine, au dépôt de Mendicité, place de la Misère, à La Charité*. M. Vermine a été longtemps concierge du dépôt de mendicité de la Charité-sur-Loire, et peut-être l'est-il encore. (Voyez *Jeux de mots et facéties*.)

On a imprimé au dernier siècle un assez mauvais roman; les héros portaient des noms à prétentions allégoriques. C'étaient le père Vertisseur, le père Manant, le père Nicieux, le père Foré, le père Hoquet, le père Sonnel, le père Fide, le père Lé, etc. Dans les femmes, c'était la mère Veille, la mère Tume, la mère Idienne, la mère Curiale, la mère Ida, la mère Ingue, Puis des Anglais et des Anglaises : lord Gueil, lord Nière, lord Ange, lord Dinaire, lord Igine, lord Tie, lord Gane, lord Seille, lady Arrhée, lady Scorde, lady Gestion, lady Spense, lady Forme, lady Aphane. Des plaisanteries de ce genre n'auraient peut-être pas grande vogue aujourd'hui.

Trois Anglais, dont les noms étaient : *Singulier*, *Davantage* et *Juste* (Strange, More, Right), s'étant trouvés ensemble à souper dans une taverne, le dernier dit aux autres : — Il y a un voleur parmi nous; c'est Singulier. — Cela est vrai, reprit Singulier; mais pourquoi pas Davantage? — Oui, reprit Davantage, il faut être Juste.

Le docteur Drawell ayant rencontré un de ses amis la veille d'une exécution qui devait se faire à Tyburn, lui demanda s'il savait le nom du criminel. — Pas trop, reprit l'autre; c'est un certain Pronom. — Comment! un Pronom? — Rien n'est plus vrai; mais on assure que ce n'est ni vous ni moi.

NORMANDS

Le Gascon par excellence, Cyrano Bergerac, dit, dans son *Pédant joué* : — Et la seconde objection que je fais est que vous êtes Normand : Normandie *quasi venue du Nord* pour *mendier*. De votre nation les serviteurs sont traîtres, les égaux insolents, les maîtres insupportables. Jadis le blason de cette province était trois faux, pour montrer les trois espèces de faux qu'engendre ce climat : *Scilicet*, faux sauniers, faux témoins, faux monnayeurs. Je ne veux point de faussaires en ma maison.

NOTAIRE

Un plaisant disait que la métempsycose ne le surprenait pas, puisque lui-même pouvait faire avec *un os taire* un chien.

NOUS

Un grand seigneur de la cour, qui aimait beaucoup les chevaux, fut extrêmement surpris de ce que son écuyer lui vint dire un matin que le cheval qu'il avait monté la veille était mort. — Quoi, dit-il, le cheval que j'avais hier à la chasse? — Oui, Monsieur. — Ce cheval bai que j'ai eu de M. de Barradas? — Oui, Monsieur. — Qui n'avait que six ans? — Oui, Monsieur. — Qui mangeait si bien? — Oui, Monsieur, celui-là même, répondit l'écuyer. — Eh! bon Dieu! écria le maître, qu'est-ce que c'est que de nous!

NUMA POMPILIUS

On parlait à une dame bel esprit de ce gracieux roman-poëme de Florian.

— L'avez-vous lu? lui disait-on.

— Certainement, répondit-elle avec assurance; et j'en avais prévu le dénoûment dès le début.

— Quel dénoûment?

— Mon Dieu, comme toujours, un mariage : Pompilius qui finit par épouser Numa.

O

Quel est le plus agréable des O? — l'O riant. — l'O est aussi la lettre la plus humide.

L'O était chez les anciens l'emblème de l'éternité. Il est le sujet de l'énigme suivante :

> Je suis de l'Éternel la figure et l'emblème :
> Mortel, que ferais-tu sans mon pouvoir suprême ?
> Rien. Le monde sans moi n'aurait plus de soutien ;
> Je suis utile à tout, sans être propre à rien.

OBÉISSEZ

S'écrit avec les quatre lettres OBIC.

OBSERVER

Le grammairien Urbain Domergue était retenu au lit par un abcès à la gorge, qui menaçait de le suffoquer. Son médecin s'approche et lui dit : — Si vous ne prenez ce que je vous ordonne, je vous observe que...

— Et moi, je vous fais observer, s'écrie le moribond, transporté d'une scientifique colère, que c'est bien assez de m'empoisonner par vos remèdes, sans qu'à mon dernier moment vous veniez m'étouffer par vos solécismes !

A ces mots prononcés avec impétuosité, l'abcès crève, la gorge se débarrasse, et grâce au solécisme, l'irascible grammairien est guéri.

ODRY

Un médecin fashionable disait, il y a dix ans, à un malade triste : — prenez de l'*odry*. — Le malade prit de l'*eau de riz*, et n'en fut que plus resserré.

Nous avons cité plusieurs calembourgs d'Odry. Voici deux chansons de sa façon.

I.

— Papa, ces p'tits bateaux
Qui vont sur l'eau
Ç'a-t-il des jambes?
— Mais s'ils n'en avaient pas,
Petit bêtat,
Ils n'iraient pas.

II.

Petit-Jean, hausse-moi,
Pour voir les fusées volantes;
Petit-Jean, hausse-moi,
Pour voir les fusées voler.

Petit-Jean m'a haussé,
J'ai vu les fusées volantes.
Petit-Jean m'a haussé,
J'ai vu les fusées voler.

ŒUF

Bobèche disait que le mariage, les premiers jours, est *un nœud frais*, au bout d'un an *un nœud dur*, et quelquefois *un nœud brouillé*.

ŒUFS

Quel est le pays où l'on mange le plus d'omelettes?
— La ville d'*Eu*.

OIE

Un républicain, à dîner chez un de ses amis, vit servir un foie de veau piqué et une oie à la broche. — A la bonne heure! dit-il, on ne pourra plus vous accuser de n'avoir ni foi, ni loi.

OMBRE

Un homme surpris par un bataillon de ses ennemis, quelque brave qu'il soit, peut avoir peur de son nombre.

ONCE

Quel était la voiture la plus légère au baptême du prince impérial?

— La voiture du Nonce.

ORDRE

Comme le chevalier Taylor racontait les honneurs qu'il avait reçus des différentes cours de l'Europe, et les ordres dont il avait été décoré par un grand nombre de souverains, un membre du parlement, qui se trouvait près de lui, observa qu'il n'avait pas nommé le roi de Prusse, et il ajouta : — Je présume qu'il ne vous a jamais donné aucun ordre. — Pardonnez-moi monsieur, reprit le chevalier, il m'a donné l'ordre de quitter ses États.

OREMUS

Quel est le plus poli d'*Oremus* et de *Quæsumus*.

— C'est *Oremus*, car on dit souvent : *Oremus visita Quæsumus;* et on ne voit pas que *Quæsumus* ait visité *Oremus*.

On repoussa, au théâtre français, en 1814, une tragédie de *Romulus*, dont le premier vers commençait par ces mots : *ô Remus*. Des plaisants citent ainsi le vers entier :

O Remus, dominez sur les remparts de Rome.

ORIGINAL

Un doyen anglais, qui n'était pas d'un très-grand génie, acheta un jour, d'un homme de lettres, un sermon qu'il prêcha avec beaucoup de succès dans une grande chapelle de Londres. Le dimanche suivant, il alla dans une autre église pour assiter à l'office, et eut le désagrément d'entendre un autre ecclésiastique prêcher le même sermon que le sien, devant une nombreuse assemblée qui couvrait d'applaudissements le prédicateur. Courroucé de ce que l'auteur avait abusé sa bonne foi, il lui fit reproche, dans les termes les plus vifs, de lui avoir vendu une copie pour un original. « Vous vous trompez grandement, lui repartit l'auteur, car c'est l'autre prédicateur qui a la copie, et vous avez l'original. »

OS

Quelqu'un disait, en voyant jouer une actrice fort maigre : il n'est pas besoin d'aller à Versailles ou à Saint-Cloud pour voir jouer les os.

OU

Le célèbre Daniel Burgess dînait un jour en ville, chez une personne de sa connaissance. Lorsqu'on en fut au dessert, on servit un grand fromage du Cheshire.

— Où l'entamerai-je, demanda Daniel?

— Où vous voudrez, reprit le maître de la maison?

Là-dessus, Daniel, appelant un des domestiques qui servaient à table : — Portez, dit-il, ce fromage chez moi; je l'entamerai à la maison.

OURAGAN

L'empereur Nicolas disait un jour au prince Dolgorouki : Devine quel est le moment où M. Guizot a le plus tempété.

— Je ne sais pas.

— Eh bien... c'est quand il a suivi Louis XVIII dans les Cent Jours, qu'il a fait un petit tour à Gand.

OURSINS

M. Prud'homme a constaté que les ours sains sont ceux qui généralement se portent le mieux.

OUVRIR LA BOUCHE

Montmaur était avocat et professeur en langue grecque; c'est pour cela qu'on l'appelait le Grec. Quoiqu'il fût fort riche, il voulait ajouter au plaisir de faire bonne chère, celui de ne rien dépenser; il tenait un registre de toutes les bonnes tables de Paris, et cherchait les moyens de s'y introduire. Il était d'un naturel satirique; dès qu'il se trouvait avec de grands seigneurs, il se déchaînait contre tous les auteurs et les savants. Ses habitudes de parasite et sa médisance firent dire de lui « qu'il n'ouvrait jamais la bouche qu'aux dépens d'autrui. »

P

PAGES

On proposait au directeur de la troupe des comédiens de Versailles de laisser entrer tous les pages du roi, de la reine et des princes. Il objecta, avec raison, que beaucoup de pages font un gros volume.

PAIN ET BOUILLI

Bouilly est connu par quelques ouvrages médiocres, parmi lesquels on citera, si vous voulez, *les Contes à ma fille,* deux volumes que donnait en prix, tous les ans, madame Campan, à la maison d'Écouen. Joseph Pain ne manquait pas de faire, pour cette solennité, des vers que l'on distribuait également aux jeunes pensionnaires. Un plaisant dit, à ce sujet, que les filles (d'Écouen), quand elles se conduisaient bien, recevaient tous les ans deux livres de bouilli et un morceau de pain.

PAIR

Le jour de l'apparition des trois ordonnances (juillet 1830), un balourd empressé se rencontre avec M. de Sesmaisons au tourniquet de Saint-Jean, et, comme il le gênait en passant, il lui dit : Excusez, gros père. — Allons, s'écria l'ex-honorable député, on ne peut plus garder son incognito dans cette ville ; cet homme sait déjà que je suis pair de France.

Un Gascon, voyant un duc perdre au jeu, s'écria :
— Il est *duc et perd.*

ÉPIGRAMME DE 1790.

Par un arrêt plein de sens, de raison,
Les douze cents majestés de la France,
En corrigeant l'impertinence
Des magistrats du bon peuple breton,
Les ont, pour le bien de leurs âmes,
Déclarés tous séditieux, pervers,
Félons, coquins, traitres, infâmes...
C'est un jugement de leurs pairs.

PALAIS

On appelle palais la partie intérieure de la bouche, qui en est la voûte.

Le Palais de Justice ayant été incendié dans le siècle dernier, les Parisiens, qui rient de tout, même de leur propre malheur, se passèrent de main en main le quatrain suivant :

Certes, ce fut un triste jeu,
Quand à Paris, dame justice,
Pour avoir mangé trop d'épice,
Se mit le palais tout en feu.

— Quelle différence y a-t-il entre les princes et les huîtres ?

— C'est que les huîtres ne font que traverser le palais, et que les princes y résident.

Cette solution rappelle un des calembours de M. de Bièvre. Il revenait de Versailles où il avait assisté au déjeuner de Louis XV, et on lui demandait ce qu'il y avait remarqué.

— J'ai vu, dit-il, une huître traverser le palais royal.

PAON

— Quels sont les paons les plus lourds? — Ce sont les plus gras. — Non, ce sont les pans de murailles, comme les plus légers sont les pans d'habits, et les plus crottés les pantalons.

On anonçait un jour, en objet à vendre, une volière ayant huit pans. Un amateur de paons l'alla voir. C'était une volière octogone.

PAPIER

Ce mot a plusieurs sens, qu'il est inutile d'exposer. On comprendra aisément ce qu'il veut dire ici. Ces vers ont paru en 1790.

> L'or, l'argent et l'airain, aussi bien que le fer
> Chez nos premiers aïeux ont eu chacun leur âge.
> Celui-ci doit son nom au charlatan Necker;
> Et du peuple français l'auguste aréopage,
> Secondant les projets du ministre banquier,
> Veut que l'âge présent soit l'âge du papier.

PARAPET

Un homme passant avec sa femme sur le pont Royal, à Paris, pont très-fréquenté, laissa échapper un de ces soupirs intérieurs dont on rougit toujours un peu. — Prends-donc garde à ce que tu fais, lui dit sa femme. — Ne crains rien, répondit-il; tu vois bien qu'il y a ici des parapets.

PARDON

A Messine, où commandait le maréchal de Vivonne, un officier vint le réveiller pour lui dire quelque chose.

Il commença ainsi : « Monseigneur, je vous demande pardon, si je viens vous réveiller. — Et moi, lui repartit le maréchal, je vous demande pardon si je me rendors. »

PAREIL

Un bourgeois qui avait un attelage de deux chevaux bruns perdit l'une de ses bêtes, et chargea le domestique de rappareiller le survivant. Le domestique chercha, découvrit et vint dire à son maître : — Monsieur, j'ai trouvé votre pareil.

PARLEMENT

Montmaur dit, dans sa requête au Parlement :

> De la cour du grand parlement
> Tout homme qui mal parle ment.

PAROLE

Ménage se trouvait dans le cloître des Chartreux lorsqu'on y faisait voir le tableau de saint Bruno. Quelqu'un dit : « Il ne lui manque que la parole. — En ce cas, dit Ménage, il est parfait ; car il ne pourrait parler sans manquer à la règle. »

PARTIR

Potier dit un jour à un de ses amis qu'il avait eu jadis des fusils excellents : « En quoi étaient-ils donc si merveilleux ? reprit l'autre. — C'est qu'ils partaient aussitôt qu'il entrait des voleurs chez moi, quoiqu'ils ne fussent pas chargés. — Et comment cela ? — Parce que les voleurs les emportaient pour eux. »

Quand la brillante société de Paris s'échappe au

beau temps pour les eaux et la compagne, les pointus disent qu'il y a dans la capitale beaucoup d'*esprit de parti.*

PAS

Au commencement de 1793, les gazettes allemandes ayant répandu le bruit que le prince de Brunswick avançait à pas de géant sur Paris, un soldat de l'armée parisienne fit l'impromptu suivant :

> Monsieur l'imprimeur allemand,
> Rendez-nous un petit service ;
> Effacez : A pas de géant,
> Et mettez : A pas d'écrevisse.

Un poëte de village a placé sur la porte du cimetière de sa commune l'inscription suivante :

> Tous tes pas sont faux pas ; tu ne fais pas de pas
> Que tes pas pas à pas, n'amènent ton trépas.

PASSER

Sur la porte du passage de l'église de Saint-Séverin, qui menait autrefois du cimetière à la rue de la Parcheminerie, on lisait ces vers :

> Passant, penses-tu pas passer par ce passage,
> Où passant j'ai passé?
> Si tu n'y penses pas, passant, tu n'es pas sage ;
> Car, en n'y pensant pas, tu te verras passé.

Un ignorant, bel esprit et quelque peu farceur, se présente à l'université de Reims pour y passer maître ès arts. Il y est reçu. Surpris de la facilité avec laquelle il avait acquis ce grade, il va de nouveau trouver le président de la Faculté, et lui dit : « Monsieur, pendant que je suis en cette ville, je voudrais profiter de l'occasion, et faire aussi passer mon cheval maître ès arts. — Monsieur, lui répondit le président, je suis fâché de ne pouvoir vous obliger davantage, mais nous ne recevons ici que les ânes. »

PATAQUIÈS OU PATAQU'EST-CE

Lorsqu'en 1857 on distribua la médaille de Sainte-Hélène, les journaux citèrent la lettre suivante, adressée à l'Empereur, au camp de Châlons :

« Sire,

« J'ai contracté sous votre cher oncle deux blessures mortelles, qui, depuis 30 ans, font l'ornement de ma vie, l'une à la cuisse droite, l'autre à Wagram. Si ces deux anecdotes vous paraissent susceptibles de la croix d'honneur, j'ai bien celui de vous en remercier d'avance.

« *Signé :* ANTOINE BONNIOT,
« *Caporal honoraire à l'ex-jeune garde.*

« *P. S.* Mme Bonniot sera bien sensible à votre amabilité.

« Affranchir la réponse, s'il vous plaît.
« Ci-joint les pièces amplificatives. »

PATTE ÉTHIQUE

Une actrice qui avait la main décharnée, se présenta sur le théâtre où elle joignait, à une déclamation forte, de grands gestes, en déployant de grands bras.

— Quel pathétique ! s'écria un des spectateurs.

PAUVRE

Le collége des Grassins, à Paris, a été fondé pour les pauvres écoliers du diocèse de Sens. Il y avait autrefois, au-dessus de la porte : *Collége des Grassins, fondé pour les Pauvres de Sens*. Cette inscription fit croire que c'était un hôpital de fous. On fut obligé de la supprimer.

Un ami de Bayle s'entretenait avec ce philosophe sur la pauvreté des gens de lettres : « Ah! mon ami, lui dit Bayle, le nombre des auteurs pauvres est presque aussi considérable que le nombre des pauvres auteurs. »

Un pauvre diable qui passait par un village alla, pressé par la faim, heurter à la porte d'un seigneur :

— Qui êtes-vous? lui demanda-t-on.

— Je suis un pauvre musicien qui demande la passade.

— Entrez.

Entré qu'il fut, le seigneur le fit dîner avec lui. Ce seigneur était mélomane; et il avait fait apprendre la musique à ses enfants, garçons et filles. Après le dîner, il fait apporter des livres de chant; il les distribue, un à l'étanger, et les autres à ses enfants. Ceux-ci se mirent à chanter; le seigneur qui n'entendait rien dire au passant, croyait qu'il voulait écouter un moment. A la fin, comme le silence continuait :

— Vous ne chantez point? lui dit-il.

— Non, monsieur.

— Pourquoi?

— Monsieur, ne vous ai-je pas dit que j'étais un pauvre musicien? Eh bien! je suis si pauvre musicien, qu'en fait de musique je n'y entends rien du tout.

Un bourgeois de Londres fut pareillement arrêté dans la rue par un homme qui lui demanda l'aumône, en se qualifiant de pauvre savant. Le bourgeois lui donna un schelling, en lui parlant latin. — Ah! Monsieur, lui répondit le mendiant, je me suis qualifié de pauvre savant, et je suis tellement pauvre savant que je n'ai pas même appris mon alphabet.

PÊCHER

Dès les premiers jours de la Révolution, le gouvernement provisoire a envoyé M. Auguste Luchet à Fontainebleau, en qualité de gouverneur de l'ex-château royal.

Il n'y avait rien du tout à gouverner dans le splendide palais bâti par le génie de Primatice. — Il n'y avait qu'à se promener dans le parc et à prendre du ventre.

M. Auguste Luchet, qui est romancier, se promena, rêva, digéra, et, au bout du compte, se chercha un autre passe-temps. — Il découvrit alors ce fameux vivier où sont des carpes dont plusieurs ont de la barbe et sont, dit-on, contemporaines de François Ier. — Il imagina d'y goûter; il pêcha, trouva l'exercice bon, et, depuis lors, il pêche toujours.

Les habitants de Fontainebleau s'alarmèrent d'un labeur si terrible. — Ils écrivirent au général Cavaignac une lettre dans laquelle on trouvait ce passage :

« Citoyen général, nos prédicateurs disent que le juste pêche au moins sept fois par jour. Or, M. Auguste Luchet pêche du matin au soir, sans discontinuer. Jugez s'il est juste. »

PEINDRE

— Pendant que mon mari peignait notre corridor, disait une Parisienne, je peignais nos enfants; nos enfants étaient bien peignés, mais notre corridor était mal peint.

On sait que Wateau était, au dernier siècle, un peintre célèbre. Un autre Wateau était coiffeur renommé. Un bourgeois de Paris, invité à la cour, envoyant chercher Wateau le coiffeur, qu'il ne connaissait pas, dit à son domestique :

— Va-t'en me chercher Wateau; il faut qu'il me peigne tout de suite. Le domestique, qui entendait tous les jours vanter le peintre, courut chez lui, et Watteau arriva.

— Bonjour, monsieur Wateau, dit le bourgeois, je vais à la cour et j'ai besoin de vos talents. A quel prix me peignez-vous?

— Mais, monsieur, dit l'artiste, pour que vous soyez convenable, vous me donnerez cinquante louis.

Le bourgeois sauta en l'air :

— Comment, cinquante louis! Renaud me peigne pour quinze sous en perfection.

L'artiste rit longtemps du quiproquo.

PÊNE

Qu'est-ce qui ressemble le plus à une serrure ? — C'est une femme malheureuse, parce qu'elle n'est jamais sans peine.

PENSER

On sait que l'ordre de la jarretière a pour devise: *Honni soit qui mal y pense*. Les marquis de Mesgrigny à leur château de Villebertain ont fait écrire en lettres d'or, au-dessus de la grande porte de leurs écuries : *Honni soit qui mal y panse.*

Le comte de Lauraguais revenait de l'Angleterre. Louis XV, le revoyant à Versailles, lui demanda d'où il arrivait.

— De Londres, Sire.
— Et qu'êtes-vous allé faire là?
— Apprendre à penser.
— A panser les chevaux, répliqua le roi.

En 1815, une noble marquise des environs de Valenciennes se casse la jambe en descendant de voiture, dans la cour des Tuileries. Son époux désolé commande à l'un de ses gens d'aller au plus vite chercher un chirurgien.

— Lequel, monsieur, dit le domestique?
— N'importe, pourvu qu'il pense bien. Le laquais court, et ramène un Esculape dont les bons principes étaient connus ; deux jours après, madame était morte: Hélas! ce brave docteur pensait bien, mais il pansait mal.

PEPIN

Quelle différence y a-t-il entre l'histoire de France et une poire d'Angleterre.

— L'histoire de France n'a qu'un Pepin et la poire en a plusieurs.

C'est un calembour de M. de Bièvre.

PÉQUIN OU PÉKIN

Mot injurieux par lequel les militaires désignaient autrefois un bourgeois. Lorsque Martainville fut accusé d'avoir livré le pont du Pecq près Saint-Germain aux alliés, on fit courir ces vers, où l'application de péquin est plus juste :

> A Scipion, sa république,
> Pour avoir dompté l'Afrique,
> Donna le nom d'Africain.
> Nommons donc cette âme vile,
> Qui du Pecq livra la ville,
> Martainville le *Pecquin*.

PERÇANT

Un faiseur de calembours a soutenu que les Perses avaient introduit dans le monde *les cris persans*.

Le même prétend que le roi Persée, prisonnier des Romains, avait charmé les ennuis de sa captivité, en fabriquant ces sortes de chaises qui portent son nom.

PERDRE

Un ecclésiastique de Troyes, prêchant, perdit la mémoire ; un plaisant se leva et dit : — Qu'on ferme la porte ; il n'y a ici que d'honnêtes gens ; il faut que la mémoire de monsieur se retrouve.

PERDRIX

Un plaisant, voyant deux ris de veau sur la table, chez Véry, embarrassait le garçon de service en lui disant : — Faites-moi le plaisir de me passer cette *paire de ris*.

PÉROU

On parlait dans une société du mariage du doge de Venise avec la mer Adriatique. — Il y a, dit quelqu'un, un fait plus singulier, c'est l'union indissoluble du père Ou et de la mère Ique.

PERRUQUE

Pendant les guerres de l'empire, un Troyen, entendant annoncer que le général Baville avait pris perruque, demanda où cette ville était située. Un vieil abbé lui répondit : Sur la nuque.

PERRUQUIER

L'argot de cette profession a fourni à un membre de la corporation une série de calembours à propos de la guerre d'Italie. — Les autrichiens, dit-il, sont des *perruques*. Ils espéraient que le Piémont manquerait de *toupet* au moment de *se prendre aux cheveux* et de se *donner un coup de peigne*. Mais nous sommes là, *le fer* à la main ; nous ne laisserons pas *faire la barbe* à nos alliés, et l'Autriche, après avoir reçu un *savon* et *un coup de brosse*, pourra bien *friser* sa ruine.

PEUPLIER

On a trouvé un calembour, dans ce vers d'un poëte, qui donne de sages conseils :

<small>Au fort de la tempête, il faut un peu plier.</small>

PEUR

On parlait devant Charles-Quint d'un capitaine espagnol qui se vantait de n'avoir jamais eu peur. — Il faut, dit l'empereur, que cet homme n'ait jamais mouché la chandelle avec ses doigts ; car il aurait eu peur de se brûler.

PEUREUX

On disait à un joueur qui gagnait toujours : — Vous n'iriez pas la nuit dans un cimetière ; vous êtes trop heureux.

PET

Un perruquier de campagne réfléchissait assis sur le coin de sa porte. Un monsieur passe et lui demande s'il a un fer à toupet. — Oui, monsieur répond avec empressement l'artiste campagnard. — Eh bien! frisez-moi celui-là, dit le meunier en laissant échapper un bruit monstrueux. (Voyez *parapet*.)

PIÈCE

Quelle est la première pièce du théâtre Français? — Le vestibule.

Quelles sont les pièces qui vont toujours? — Les pièces de cinq francs.

Fabert, maréchal de France, ayant été blessé au siége de Turin d'un coup de mousquet à la cuisse, Turenne et le cardinal de La Valette, le conjurèrent de se la laisser couper, selon l'avis de tous les chirurgiens. Le maréchal leur répondit : — Je ne veux pas mourir par pièces; la mort m'aura tout entier, ou elle n'aura rien, et il guérit de sa blessure.

PIED

Un grenadier, qui s'appelait la Paix de Dieu, fut blessé : on allait lui couper une jambe. Pendant les préparatifs de cette cruelle opération, il disait : — Eh! la Paix de Dieu, mon ami, que va-t-on dire de toi, quand on saura que tu as lâché pied.

Lorsqu'il fut question de proclamer Louis XVI, le restaurateur de la liberté française, un avocat voulait que l'hommage de la nation fût porté humblement aux pieds de Sa Majesté. — La majesté n'a point de pieds, s'écria Mirabeau, et chacun éclata de rire, ce qui fit tomber la motion.

Le journal de Lille racontait, il n'y a pas longtemps, l'anecdocte suivante :

Madame N..., bonne vieille dame, n'a jamais pu se mettre au fait des nouvelles mesures : les dénominations de mètre, gramme, stère, etc., lui ont toujours semblé des monstres, et elle ne comprend pas qu'on préfère ces noms barbares aux anciens. Cependant, poussée par un caprice (car les femmes en ont à tout âge), elle voulut dernièrement essayer de se mettre au niveau des idées modernes, et elle écrivit bravement à son boucher de lui envoyer un mètre de veau.

— Je verrai bien ce que ça fera, se disait-elle, et cela me guidera pour une autre fois. Sa lettre tomba dans les mains d'un nouveau garçon, encore peu expérimenté, à qui le patron avait recommandé, quand il serait absent, de consulter un tableau de comparaison entre les mesures anciennes et les nouvelles, afin de ne pas commettre d'erreurs. Le jeune homme ne manqua pas de suivre ce bon conseil, et ayant lu sur son tableau qu'un mètre valait trois pieds, il envoya avec satisfaction trois énormes pieds de veau à madame N..., qui ne peut souffrir cette partie de l'animal.

Quand l'emploi des mesures nouvelles fut discuté à l'Académie française, un des membres de la commission du Dictionnaire proposa de substituer à cette expression proverbiale : Avoir *un pied de nez*, celle-ci : Avoir trente-trois centimètres de nez. Comme M. Villemain s'y opposait : — Je sais bien, dit M. de Jouy, que l'expression n'est pas exacte, et qu'il faudrait ajouter une fraction.

PILE

Nos soldats font des calembours. Un chasseur disait après la bataille de Solferino : — Les Autrichiens ont l'air de vouloir prendre Volta. — Non, non, dit l'autre, ils ont trop peur de la *pile*.

PLACE

M. de Villèle ayant rencontré M. de La Bourdonnaye, lui fit quelques caresses bien franches. — Comment, mon cher confrère, vous me boudez ! Vous ne savez donc pas combien le poste est difficile à tenir. Mettez-vous à ma place... — Eh ! c'est tout ce que je demande, répondit M. de La Bourdonnaye.

Un jeune homme qui possède un petit bien dans le comté de Gloucester, se décida à quitter sa campagne et à venir à la ville solliciter un emploi, comptant sur le duc de Newcastle, qui avait promis de le servir, et qui pendant plusieurs mois, exerça, on ne peut mieux, sa patience. Las d'attendre inutilement, l'homme des champs alla trouver son protecteur, et lui dit qu'à la fin, il s'était procuré une place.

— Je vous fais mon compliment de votre bonne fortune, lui dit le duc ; et où est cette place, je vous prie ?

— Dans le coche de Gloucester, je m'en suis assuré hier soir, et vous m'avez guéri, monseigneur, d'une plus haute ambition.

PLAINE

Quelle est la plaine la plus haute ? — La pleine lune.

PLAISIR

Garçon! un beefsteak, disait un Anglais au café de Paris. — Oui, monsieur, avec plaisir. — Non pas avec plaisir, avec des pommes de terre.

On invitait Pothier à un dîner. — Dois-je venir avec plaisir? dit-il. — Certainement. — Il amena avec lui Plaisir, coiffeur célèbre de la rue Richelieu.

PLAN

Je ne possède plus rien, s'écriait un pauvre diable à un de ses confrères; j'avais une petite rente, j'ai été forcé de m'en défaire; j'avais une tirelire assez bien garnie, je ne l'ai plus. — Ainsi, lui répond l'autre, la situation est rente en plan, tirelire en plan.

PLANCHE

Les faiseurs de jeux de mots disent que M. Planche est le plus plat de nos écrivains.

Ce qui n'est vrai que dans son nom.

PLANTE

Quelle est la plante la plus utile à l'homme? — La plante des pieds.

PLAT

Piron, un jour au parterre du Théâtre-Français, suait à grosses gouttes. Ses deux voisins se disaient à l'oreille :

— Voilà Piron qui cuit dans son jus. — Ce n'est pas étonnant, dit Piron, sans se retourner, je suis entre deux plats. »

Vous habitez un pays âpre et rude,
Disait un bon Flamand au Suisse Frenkestel,
Et votre caractère aussi doit être tel;
De son pays toujours on saisit l'habitude
— Ce propos n'est pas délicat,
Reprend le Suisse. En ce moment j'y pense,
Vous habitez un pays plat;
Dois-je en tirer la même conséquence?

PLATE-BANDE

Dans le temps qu'on imposait aux enfants des noms recherchés, un bon homme qui aimait son jardin, se vantait d'avoir donné aux siens des noms plus convenables. Mes trois filles, disait-il, s'appellent Rose, Jacinthe et Marguerite, et mon fils Narcisse. — Ainsi, lui répondit-on, vous faites de vos enfants une plate-bande.

PLOMB

Dans la dernière guerre d'Italie, un officier aussi fou qu'il était brave, ayant reçu une balle dans la tête, dit : « Je savais bien que j'y avais besoin de plomb; mais la dose est un peu trop forte. » Et il mourut sur-le-champ.

POÉTE

On dit que les poëtes sautent parfaitement les ruisseaux, parce qu'ils sont habitués aux *enjambements*.

Quel est le poëte qui fait la barbe à tous les autres? — M. Barbier.

POIDS

Une dame, le jour des rois, eut la fève; elle la passa à son mari. — Que voulez-vous que je fasse de cela? dit-il. — Ne savez-vous pas qu'en France, répondit la dame, la couronne ne peut tomber en quenouille, et que c'est l'homme qui doit se charger du poids de la royauté.

POINGS

Pourquoi les poissardes ne mettent-elles pas les points sur les I?

— Parce qu'elles les ont ordinairement sur les hanches.

POINT

Autrefois les dames portaient un genre de bracelet qu'elles nommaient sentiment. M. ***, voyant un de ces bijoux au bras gauche de mademoiselle Bourgoing, lui dit : « Je ne croyais pas que vous portiez le sentiment à ce poing-là.

POIS

Un bourgeois, qui avait passé une notable partie de sa vie à dire des facéties plus ou moins fines, était moribond. Sa sœur, qui l'assistait dans ces tristes moments, lui ayant demandé s'il ne se sentait pas un poids sur l'estomac : — Non, ma sœur, dit-il, je ne sens ni pois ni fève.

Sous Louis XV, un factionnaire de la garde avait été placé à l'une des grilles de la cour des Tuileries, avec la consigne de ne laisser pénétrer personne par cette voie. Un homme se présente pour entrer, le factionnaire lui oppose sa consigne. L'individu insiste en disant :

— Tu ne me reconnais donc pas? Je suis le prince de Poix.

— Quand vous seriez le roi des haricots, répliqua le soldat, vous ne passeriez pas!

POISSARDES

On accuse de férocité le roi de Sardaigne: et en effet, il mange quelquefois des pois sardes.

POLI

Un ami d'Odry le trouvant encore au lit à onze heures, le blâmait de se lever si tard. — Je ne m'attendais pas à des reproches, répondit-il, pour avoir été *trop au lit*.

L'autre jour, M. T... était furieux. Il venait d'inviter à dîner un de ses amis, qui avait accepté.

— Fiez-vous donc aux amis, s'écriait-il! Je l'invite à manger la soupe avec moi, je l'invite de la façon la plus polie, la plus gracieuse, la plus délicate, — et il accepte.

— Eh bien? lui dit le confident de ses peines.

— Eh bien! il devait refuser. Que diable! une politesse en vaut une autre.

PORC FRAIS

Le directeur du grand théâtre de Saint-Pétersbourg ayant laissé reposer le danseur Duport pendant tout le carême, quelqu'un dit que sans doute il voulait avoir *Duport frais* à Pâques.

PORTE

Une dame demandait à son mari, qui sollicitait un consulat, le succès de ses démarches. Il répondit : — On vient de me mettre à la Porte. — Et vous souffrez cela? reprit-elle indignée. Elle ne se calma que lorsqu'elle comprit que la Porte, la sublime Porte était Constantinople.

POSTÉRITÉ

Brunet disait : — Je connais un enfant de cinq ans qui a déjà de la *poste hérité*. C'était le fils d'un maître de poste défunt.

POSTHUME

Papa, qu'est-ce que c'est donc qu'un ouvrage posthume? — Mon fils, c'est un ouvrage que l'auteur publie après sa mort.

POT

Quel est, demandait Odry, le pays où l'on mange le plus de bouillon? — C'est l'Italie! — Parce que? — Parce que la Providence y a mis le Pô.

— Le dialogue suivant a eu lieu, lorsque la Savoie demanda, en 1848, notre intervention armée en Italie.

— Es-tu pour l'intervention, toi?
— Non.
— Pourquoi? parce que je vois *la manigance*.
— Quelle manigance?
— Écoute, les élections arrivent; les rouges veulent nous envoyer là-bas pour être maîtres par ici ; et alors, ce ne sont pas ceux qui seraient le plus près du Pô qui mangeraient la soupe.

Un saltimbanque, appelé chez le commissaire et sommé de décliner son nom, déploya ses papiers où le magistrat reconnut qu'il portait le nom de Pot. — Singulier nom! dit le commissaire.

— C'est vrai, monsieur; mais c'est un nom qui ne

manque pas de célébrité; mon père était soldat, et même on le fit sergent, attendu, disent les rapports, qu'on voyait toujours dans les combats Pot au feu le premier. Pour une faute de discipline, on lui ôta son grade et on lui donna son congé. Pot, cassé, se mit à faire le commerce; il y réussit mal et se noya. Une fois Pot à l'eau, il perdit ses chagrins et devint fou, car on le retira, et on ne l'appela plus que Pot fêlé. Pot, âgé alors de cinquante ans, mourut six mois après.

POUDRE

Un maître parfumeur demandait à son garçon de boutique s'il avait fait toutes les commissions dont il l'avait chargé. — Oui, monsieur, — As-tu porté un échantillon de mes poudres à cet étranger en question? — Oui, monsieur. — Et quelle poudre a-t-il prise? — Monsieur, il a pris la poudre d'escampette.

POULE

Lorsque l'abbé Poule, aux sermons duquel tout Paris avait couru, fut pourvu d'une riche abbaye, il cessa de prêcher : ce qui fit dire à Louis XVI, qui l'avait si bien doté : — Quand la poule est grasse, elle ne pond plus.

PRATIQUE

On donne ce nom à un petit instrument qu'on se met dans la bouche pour faire parler Polichinelle. Un jour, Charles Nodier, qui aimait beaucoup le théâtre des marionnettes, demanda au maître du spectacle à voir la pratique; et pour essayer s'il ferait aussi bien que le bateleur la voix singulière du matamore napolitain, il se la mit dans la bouche. Content de cette expérience, il rendit la pièce au bon homme en disant, c'est ingénieux, mais c'est si petit qu'il doit y avoir quelquefois danger de l'avaler. — Oui, monsieur, répondit le batelier ; mais cela ne fait aucun mal. Celle que vous venez d'essayer a déjà été avalée huit ou dix fois.

PRAULT

Le libraire Prault pria un jour M. de Bièvre, qui entrait chez lui, de lui faire un calembour sur lui-même ou sur sa femme. Le marquis de Bièvre répliqua sur-le-champ : — Vous êtes un *prault-blême* et votre femme une *prault-fanée*.

PRENDRE

Le célèbre apothicaire Baumé était occupé, dans son laboratoire à des opérations de chimie. On l'appelle pour une personne qui voulait lui parler. Cette personne lui fait un long détail du commencement, des progrès et de l'état actuel d'une maladie dont elle se dit attaquée.

— Eh bien, monsieur, que me demandez-vous ? dit Baumé impatient de retourner à ses alambics.

— Monsieur, je viens vous consulter pour savoir ce qu'il faut que je prenne pour me guérir.

— Ce qu'il faut que vous preniez ? mais prenez un médecin ou un chirurgien.

— Monsieur, est-ce en infusion ou en décoction qu'il me faudra les prendre ?...

En 1776, les médecins de Paris recommandèrent, comme une précaution utile contre la grippe, dont beaucoup de personnes se trouvaient attaquées cette année-là, de ne pas sortir à jeun. Un pasteur des environs, instruit de la recette, crut devoir en recommander l'usage à ses paroissiens. Il leur dit donc, le dimanche suivant, au prône, qu'ils feraient bien de ne pas sortir le matin, qu'ils n'eussent pris quelque chose auparavant. Le lendemain il trouva chez lui 25 louis de moins. Son domestique, qui était sorti le matin, ne reparut plus. Aux premières recherches il ne fut pas difficile de s'apercevoir qu'il était le voleur des 25 louis. Arrêté, interrogé sur le fait, il s'avoua l'auteur du vol; mais il s'excusa en disant avoir obéi à son maître et curé, qui, d'après l'ordonnance de la Faculté, avait défendu au prône de sortir le matin sans avoir pris quelque chose, et qu'il ne l'avait fait que pour se préserver de la grippe.

— Mon père, disait dans un café un petit garçon à un filou, prendrez-vous une demi-tasse aujourd'hui? — Non, mon fils, reprit le père, je prendrai une cuiller.

LE PARTISAN DES ASSIGNATS.

L'autre jour, sous le toit du grand aréopage
   Où maint gredin, à face de proscrit,
  Pour quinze sous applaudit, fait tapage
   En faveur de tout ce que dit
Ou Barnave le doux, ou Mirabeau le sage.
Un citoyen actif, qui n'avait pas d'habit,
Vantait les assignats et prônait leur débit :
— On n'en sent pas assez, criait-il, l'avantage;
Sans eux l'état périt. Pour moi, je jure bien,
  Messieurs, que j'en prendrai. —Tout beau, maître Desroches,
   Dit un quidam, qui connaît mon vaurien,
    On sait quel est votre moyen :
   Vous en prendrez, mais dans les poches.

On montrait à un paysan tout ce qu'un maréchal de France avait pris; les villes, les pays, tout cela était dans un tableau. — Morgué! tout ce qu'il a pris n'est pas là, dit le paysan, car je n'y vois pas mon pré.

— Je viens de prendre une heure de promenade, où j'ai pris un plaisir extrême; mais comme le jour prend son déclin, je me retire chez moi pour aller prendre l'air du feu; car si je tardais davantage, j'aurais peur de prendre un rhume. Et vous, monsieur, quel parti prenez-vous? — Mais vous le voyez, monsieur, je prends le parti de prendre patience.

L'hiver dernier était si violent, que tout se gelait, tout se prenait, même les bourses et les manteaux.

Un Gascon, qui avait perdu son argent au jeu, coucha avec celui qui le lui avait gagné. La nuit, il glissa la main sous le chevet de son compagnon pour reprendre son argent. L'autre le surprit, et lui demanda ce qu'il faisait. — Mon ami, répondit le Gascon, je prends ma revanche.

Le cardinal de Fleury voulait passer pour faire mauvaise chère. Il demandait un jour à un courtisan très-délié, qui dînait chez son Éminence: — Prenez-vous du café? — Monseigneur, je n'en prends que quand je dîne.

On demandait à un médecin octogénaire qui jouissait encore de la meilleure santé, comment il faisait pour se porter si bien. — Je vis de mes remèdes, répondit-il, et je n'en prends pas.

On connaît cette épigramme de Scarron :

> Ci-gît qui se plut tant à prendre,
> Et qui l'avait si bien appris,
> Qu'il trépassa de peur de rendre
> Un lavement qu'il avait pris.

PRÈS

Un Anglais se plaignait à tout venant, dans un café, d'une chute qu'il avait faite, et qui lui causait de vives douleurs.

— Monsieur, lui dit un chirurgien qui était à côté de lui, est-ce près des vertèbres que vous vous êtes fait mal?

— Non, monsieur, reprit le malade, c'est près de l'obélisque.

PRÉSENT

Dans des fiançailles célébrées avec beaucoup d'éclat, on remarquait deux choses : la laideur de l'époux et l'opulence de la corbeille. Le présent faisait oublier le futur.

PROFESSION

Louis XVI périt juridiquement assassiné, contre le vœu formel de la nation, le 21 janvier 1793. Le réclame qui voudra, ce crime n'appartient point à la France. Cependant, ce qui est affreux, et ce qui existe, c'est que sur les registres des actes civils de la ville de Paris on ait laissé subsister: « Capet (Louis), etc., etc., profession de dernier tyran des Français. »

PRONONCIATION

Un étranger demandait à des savants comment on doit prononcer le mot pétition?

— D'après la règle qui veut qu'un *t* entre deux *i* se prononce *ci*, répondit un grammairien.

— Faites-moi donc l'*amicié* de prendre *picié* de mon ignorance, et de me répéter la *moicié* de ce que vous venez de dire, répliqua sur-le-champ Charles Nodier.

PROPRE

M. Salot voulait changer de nom, parce que le sien, disait-il, était un nom *commun*, et qu'il désirait un nom *propre*.

PUNCH

M. R***, préfet d'un riche département français, avait si bien mérité de ses administrateurs, que, dans leur reconnaissance, ils avaient donné son nom à un pont construit sous son administration. Un jour qu'il se louait de ce témoignage de gratitude, un de ses amis lui dit : — R***, c'est dommage que tu ne te nommes pas Chauvin. — Pourquoi cela ? — Parce que ton pont, au lieu de s'appeler pont R***, s'appellerait pont Chauvin (punch au vin), et que ce serait plus drôle.

Q

QUAND

Un homme qui arrivait de Belgique disait : — J'ai vu avec plaisir la ville de Gand. Comme on lui demandait : Quand ? il crut qu'on avait mal entendu, et répondit : — Caen est en Normandie.

QUARTERON

Il m'est tombé entre les mains, dit quelque part M. Louis de Verrières, un vieux et grand livre contenant la vie de plusieurs saints. Ma mémoire ne me fournit point la date de son impression; la veuve du libraire Carteron, après la préface, met la devise de sa maison ; je pourrais presque dire ses armoiries. Voici en quoi elles consistent : un dessin représente une balance, tenue, ce me semble, par une main (je dirais *dextrochère* ou *senextrochère,* si je voulais faire le savant ; mais je rappellerais ceux qui dénigrent le calembour). Dans cette balance on aperçoit des *quarts* de *livre,* qu'on nommait alors quarterons ; et la devise qui accompagne donne l'explication aux lecteurs qui n'ont pas l'*esprit des sots,* ou l'*esprit de ceux qui n'en ont point : Les quarterons font les livres.*

De nos jours le système décimal contrarierait singulièrement ces libraires, venus au beau temps de la *livre* et des *onces.* Que feraient-ils avec des *kilogrammes* et des *décagrammes?* Cela leur paraîtrait un peu *lourd;* et j'ajoute à cette opinion le poids de mon assentiment.

QUARTIER

Quelqu'un voyant passer un laideron disait : — Voilà la plus belle fille du cartier. Tous les auditeurs, entendant, étaient scandalisés. Mais ils apprirent qu'il y avait dans l'endroit un faiseur de cartes qui avait deux filles.

QUASI

On fit usage de cet adverbe, en 1830, dans le couplet suivant :

> Le peuple est quasi souverain ;
> Philippe est quasi légitime ;
> L'ouvrier est quasi sans pain ;
> La France est quasi dans l'abîme ;
> Les pairs quasi déracinés
> Ont l'air quasi démocratique ;
> Nous sommes quasi ruinés
> Par une quasi république.

QUATRE

Piron passait dans le Louvre avec un de ses amis : — Tenez, dit-il en montrant l'Académie française ; ils sont là quarante qui ont de l'esprit comme quatre.

Cette boutade a sans doute inspiré les quatre vers spirituels que Boufflers adressa à M*me* de Staël, qui lui demandait pourquoi il n'était pas de l'Académie :

> Je vois l'Académie où vous êtes présente ;
> Si vous m'y recevez mon sort est assez beau.
> Nous aurons de l'esprit à nous deux pour quarante,
>   Vous comme quatre et moi comme zéro.

Un sot se vantait devant Rivarol de savoir quatre langues. — Je vous en félicite, lui dit-il ; vous avez quatre mots contre une idée.

QUATREMER

M. Quatremer demanda à Louis XV l'autorisation d'ajouter le *de* à son nom. — Volontiers, répondit le roi, pourvu que vous le mettiez à la fin.

Et nous avons eu Quatremer de Quincy.

QUELQUE

Une femme, qui courait follement après les airs, accoste un jour La Popelinière qu'on venait d'annoncer, et lui dit : — Il me semble, monsieur, vous avoir vu quelque part. — Il est vrai, madame, lui répliqua-t-il, qu'il m'est arrivé d'y aller quelquefois.

QUESTIONS GROTESQUES

Pourquoi les pompiers n'aiment-ils pas César ?
— Parce qu'ils sont engagés pour pomper.

Quel est le jeu que préfèrent les domestiques?

— Le gage touché.

Pourquoi le soleil se lève-t-il tard en hiver?

— Parce qu'il fait si froid qu'il ne peut se résoudre à se lever matin.

Quelle est la partie plus grande que le tout?

— La peau d'un bœuf.

Qu'est-ce qui fait tourner le dos au plus brave guerrier?

— Une seringue.

Que faut-il faire pour ne plus avoir le mal de dents?

— Le mal dedans, il faut le mettre dehors.

Que font trois poules sur un mur?

— Un nombre impair.

Pourquoi les journalistes craignent-ils l'automne?

A cette question de M. Guizot, M. Bertin de Vaux répondit : — Parce que l'automne amène la chute des feuilles.

Pourquoi la lettre A est-elle plus intelligente que la lettre B?

— Parce qu'elle est bien plus avancée (avant C).

Quels sont les poissons sans arêtes?

— Les poissons d'avril.

Où avez-vous la main quand vous dormez?

— Au bout du bras.

Qu'est-ce qui passe sous le soleil sans faire de l'ombre?

— Le son de la cloche.

Quel est le premier homme du monde?

— Le rhum de la Jamaïque.

Quelle différence y a-t-il entre le ciel et la terre?

— C'est que le ciel a saint Paul, et que la terre n'en a que deux : le pôle arctique et le pôle antarctique.

Quel fut l'empereur romain le moins gênant?

— L'empereur Commode.

Quand est-ce qu'une demoiselle peut nous éclairer?

— Lorsqu'elle chante, parce qu'on a des *chants d'elle*.

Quelles sont les plus vénérables lettres de l'alphabet?

— Les lettres AG.

Quel est l'ami le plus désagréable?

— La migraine.

Quels sont en Angleterre les lords et les ladys les moins commodes?

— L'orgueil et l'ortie, la dyssenterie et la disette; avec la dissimulation et la discorde.

Quel est le moyen d'empêcher les cheminées de fumer?

— C'est de n'y point faire de feu.

Pourquoi met-on les fours dans les villes?

— Parce qu'on ne peut pas mettre les villes dans les fours.

Pourquoi les forts de la halle mettent-ils des chapeaux blancs?

— Pour se couvrir la tête.

Les villageois malins vous diront : — Quand notre curé dit la messe et que notre maître d'école la chante avec les enfants, qu'est-ce qu'ils font? — Mais ils ne prononcent pas *l*, vous répondrez : — Ils font l'office; — gros rire alors, à travers lequel on vous répliquera :
— Ce qui fond, c'est la cire.

QUEUE

Un bonhomme entendant parler de *que retranché*, dans les modes de la langue latine : — Je comprends, dit-il, la queue retranchée, c'est la Titus, une coiffure qui nous est revenue sous l'empire.

Dernièrement une Anglaise se promenait au Jardin-des-Plantes. Elle dit à sa femme de chambre qui la suivait : — Achetez un pain et donnez-le à l'éléphant. La camériste revient, le pain à la main : Milady, dit-elle, par quel bout faut-il lui donner cela ? il a deux queues !

Un paysan, ayant tué d'un coup de hallebarde un chien qui voulait le mordre, fut cité devant le juge, qui lui demanda pourquoi il n'avait pas opposé le manche de la hallebarde. — Je l'aurais fait, répondit le paysan, s'il m'eût mordu de la queue ; mais il me mordait avec ses dents.

QUIPROQUO

Un pauvre ministre de la secte anglicane avait chargé Dick, son domestique, d'aller prendre, chez David Black, le boucher, une fraise de veau à crédit pour son dîner. Comme Dick entrait dans le temple après sa commission faite, le pasteur en chaire s'écriait : — Quelles sont à ce propos les paroles de David, mes frères ? que dit David ? — Monsieur, s'écria Dick, David a dit : « Pas d'argent, pas de fraises ! »

On lisait dernièrement dans un petit journal de Bruxelles : — Un incident joyeux a ajouté un supplément de gaieté, vendredi, au théâtre des Variétés amusantes, à Bruxelles. Je ne sais quel merle du parterre s'avisa de siffler pendant la représentation du *Monsieur seul*. L'officier de police se lève et demande de sa plus belle voix : — Qui se permet de siffler ?

— C'est un droit qu'à la porte on achète en entrant, riposte une voix qui part de la galerie.

Le policeman, intrigué et indigné, cherche des yeux ce nouvel interrupteur. — Qui a dit ça? hurle-t-il.

— C'est Boileau, répond un plaisant des stalles.

— Que Boileau sorte de la salle à l'instant!

Celui-ci a paru dans l'ancien *Corsaire*.

Ma chère, disait Mme F..... à son inséparable Mme X., avez-vous vu les bêtes féroces de Mme Leprince, derrière le Château-d'Eau.

— Non, ma toute belle.

— Vous avez tort; c'est un spectacle très-curieux et qui m'a rappelé malgré moi l'histoire du *Lion de Damoclès*.

— Et vous, ma bonne, avez-vous souscrit à l'épée d'honneur du colonel Forestier?

— Non, ma chérie.

— Il faut y souscrire. Ce sera un glaive magnifique et qui rappellera chaque jour à la réaction l'*épée d'Androclès*.

Un grave espagnol arrivait, de nuit, dans un village de France qui n'avait qu'une seule hôtellerie. Il était plus de minuit; il frappa longtemps à la porte de cette hôtellerie, avant de pouvoir réveiller l'hôte; à la fin il le fit lever. — Qui est là? cria l'hôte par la fenêtre — C'est, dit l'espagnol, don Juan Pédro Hernandez Rodriguez de Villa-Nova, conde de Malafra, caballero de Santiago y d'Alcantara.

L'hôte répondit aussitôt en fermant la fenêtre : — Monsieur, j'en suis bien fâché, mais nous n'avons pas assez de chambres pour loger tous ces messieurs-là.

En 1758, au moment où l'on attendait d'heure en heure la mort du roi d'Espagne, qui était à toute extrémité, le duc de Newcastle, alors chancelier de l'échiquier, donna ordre à ses gens, s'il venait un exprès pour lui parler, fût-il deux heures du matin, de le laisser entrer. Sur les trois heures après minuit, un homme frappe à la porte de la cour ; on l'introduisit sur-le-champ dans la chambre à coucher du duc : — Hé bien, mon ami, lui dit le lord en se hâtant de mettre ses bas et en fixant ses regards sur cet homme qui était crotté jusqu'aux épaules, vous devez être venu grand train? — Oh! oui, milord, je n'ai pas fermé l'œil depuis mon départ! — Vous êtes sûr donc qu'il est mort? — Oh! très-sûr, le pauvre diable est délivré des peines de ce monde! — Dites-moi, quand avez-vous quitté Madrid ? — Madrid! reprit l'homme avec la plus grande surprise ; moi, milord, je n'y suis allé de ma vie. — Eh! d'où diable venez-vous donc? — De Richemond, comté d'York, et j'accours pour vous informer de la mort de Samuel Dickinson, le receveur de la barrière, dont votre seigneurie, lors de la dernière élection, m'a promis la place aussitôt qu'il fermerait l'œil.

Extrait littéral d'une séance du 22 juin 1792 :

Un membre demande la parole pour faire un rapport : — Il y a quelques jours, dit-il, que la municipalité de Langres arrêta des chevaux qui lui parurent suspects dans leur marche.

On rit. — Comment, des chevaux suspects?

— Ils comparurent devant la municipalité.

Comment, dit-on, ces chevaux comparurent?

L'orateur continue sans s'apercevoir de sa méprise:
— On reconnut par leur interrogatoire...

L'interrogatoire des chevaux!

— Non, dit l'orateur, ce sont les conducteurs qui furent interrogés...

L'assemblée rit très-fort et passa à l'ordre du jour.

Dans un discours, (seconde République) P. Leroux a cité le proverbe latin : *Tot capita, tot sensus.* Greppo l'a immédiatement traduit par ces mots : « Autant de capitalistes, autant de sangsues. »

Et dans la République de 1793, en parlant du coup d'État qui venait de renverser Robespierre, un orateur de la convention disait à la tribune : — Citoyens, la belle journée que la nuit du 9 thermidor !

Un étranger très-riche, Suderland, naturalisé russe, était le banquier de la cour, et jouissait d'une assez grande faveur. Un matin, on lui annonce que sa maison est entourée de gardes, et que le maître de la police demande à lui parler.

Cet officier, nommé Reliew, entre avec l'air consterné. — Monsieur Suderland, dit-il, je me vois, avec un vrai chagrin, chargé par ma gracieuse souveraine d'exécuter un ordre dont la sévérité m'effraie ; et j'ignore par quelle faute ou par quel délit vous avez excité à ce point le ressentiment de Sa Majesté.

— Moi ! monsieur, répond le banquier, je l'ignore autant et plus que vous ; ma surprise surpasse la vôtre. Mais enfin, quel est cet ordre ?

— Monsieur, reprend l'officier, en vérité le courage me manque pour vous le faire connaître.

— Eh quoi ! aurais-je perdu la confiance de l'impératrice ?

Si ce n'était que cela, vous ne me verriez pas si désolé. La confiance peut revenir ; une place peut être rendue.

— Mais, s'agit-il donc de me renvoyer dans mon pays ?

— Ce serait une contrariété ; mais avec vos richesses, on est bien partout.

— Ah! mon Dieu! s'écrie Suderland tremblant, est-il question de m'exiler en Sibérie?

— Hélas! on en revient.

— De me jeter en prison?

— Si ce n'était encore que cela, on en sort.

— Bonté divine! voudrait-on me knouter?

— Ce supplice est affreux, mais il ne tue pas.

— Eh quoi! dit le banquier en sanglotant, ma vie est-elle en péril? l'impératrice si bonne, si clémente, qui me parlait encore si doucement il y a deux jours, elle voudrait.... Mais, je ne puis le croire. Ah! de grâce, achevez; la mort serait moins cruelle que cette attente insupportable.

— Eh bien! mon cher, dit enfin l'officier de police avec une voix lamentable, ma gracieuse souveraine m'a donné l'ordre de vous faire empailler.

— Empailler? s'écrie Suderland, en regardant fixement son interlocuteur. Mais vous avez perdu la raison, ou l'impératrice n'a pas conservé la sienne; enfin vous n'avez pas reçu un pareil ordre sans en faire sentir la barbarie et l'extravagance?

— Hélas! mon pauvre ami, j'ai fait ce qu'ordinairement nous n'osons jamais tenter. J'ai marqué ma surprise, ma douleur; j'allais hasarder d'humbles remontrances, mais mon auguste souveraine, d'un ton irrité, en me reprochant mon hésitation, m'a commandé de sortir et d'exécuter sur-le-champ l'ordre qu'elle m'avait donné.

Il serait impossible de peindre l'étonnement, la colère, le tremblement, le désespoir du pauvre banquier. Après avoir laissé quelque temps un libre cours à sa douleur, le maître de la police lui accorde un quart d'heure pour mettre ordre à ses affaires.

Alors Suderland le prie, le conjure, le presse longtemps en vain de lui laisser écrire un billet à l'impératrice pour implorer sa pitié. Le magistrat, vaincu par ses supplications, cède en tremblant à ses prières, se charge de son billet, sort, et n'osant aller au palais, se rend précipitamment chez le comte de Bruce. Celui-ci croit que le maître de la police est devenu fou; il lui dit de le suivre, de l'attendre dans le palais, et court sans tarder chez l'impératrice. Introduit chez cette princesse, il lui expose le fait.

Catherine, en entendant cet étrange récit, s'écrie :
— Juste ciel! quelle horreur! en vérité, Reliew a perdu la tête. Comte, partez, courez et ordonnez à cet insensé d'aller tout de suite délivrer mon pauvre banquier de ses folles terreurs, et de le mettre en liberté.

Le comte sort, exécute l'ordre, revient, et trouve avec surprise Catherine riant aux éclats.

« Je vois à présent, dit-elle, la cause d'une scène aussi burlesque qu'inconcevable. J'avais, depuis quelques années, un joli chien que j'aimais beaucoup, et je lui avais donné le nom de Suderland, parce que c'était celui d'un anglais qui m'en avait fait présent. Ce chien vient de mourir; j'ai ordonné à Reliew de le faire empailler, et, comme il hésitait, je me suis mise en colère contre lui, pensant que, par une vanité sotte, il croyait une telle commission au-dessous de sa dignité. Voilà le mot de cette ridicule énigme. »

QUINT

Brunet disait : — La famille *Quint, qui n'a* pas manqué de faire du bruit, n'a pourtant produit que trois grands hommes : — Quint-Curce, Charles-Quint et Sixte-Quint.

QUOLIBET

Caprice plus ou moins piquant. On en trouve de temps en temps dans les journaux, exemple :

Un jeune berger des environs d'Yvetot n'a jamais pu apprendre le *Pater Noster*, quoiqu'il sache parfaitement *Notre Père*. — Comment, lui dit, il y a environ six semaines, le bon curé de sa commune, tu ne veux pas incruster dans ta mémoire l'oraison dominicale en latin? — Je peux point, moussieu le curai. — Veux-tu que je t'enseigne le moyen de l'apprendre? — Je veux bien, moussieu le curai. — Eh bien, il faut nommer tes moutons par les mots que tu ne peux pas retenir; ainsi, par exemple, ce grand cornu s'appellera *Pater* : cet autre gros et gras, *Noster;* ce tout petit, *qui es*, etc.; de manière que ta mémoire, guidée par ces mots... — J'entends, j'entends, moussieu le curai, et pis d'ailleurs ma sœur Jeanneton sait lire; alle m'enseignera.

Avant-hier, le bon curé l'aperçoit conduisant ses moutons... — Ah! voyons, lui dit-il, puisque ton troupeau est là, si tu sais ton *Pater*. — Si je l'sais, moussieu l'curai! j'crais bien! allais marchais, je les appelons si bien, qu'on dirait que j'lis tout coursement. — Voyons... — *Pater...* — Bon! — *Noster...* — Bon! — *Nomen!... Tuum!...* — Un instant, un instant!... et *Sanctificetur?* — Ah! pardon excuse, mon bon moussieu le curai! J'ons oublié de vo dire que nout'-maître a vendu et livré *Sanctificetur* à deux de ses vésins pour leur mardi gras!...

Des plaisants ont attribué au maire d'une commune, dont on ne trouve pas le nom sur la carte, l'affiche suivante :

Art. 1. — Toutes les fois qu'un habitant et des chiens non muselés se rencontreront, on devra les tuer.

Art. 2. — Tout le monde, sans exception, est tenu d'obéir au précédent article, et de massacrer les chiens, excepté M. l'adjoint.

Art. 3. — Les habitants majeurs et vaccinés devront également, dimanche prochain, se rendre sur la place, moins les malades, pour nettoyer l'égout, en présence de l'adjoint, qu'on devra râcler proprement, et du garde-champêtre, parce qu'il est obstrué par les immondices.

Ajoutons aussi cette lettre d'un père à son fils.

« Mon fils, l'objet de la présente est de te prévenir
« que je suis fort mécontent de toi, et que si les coups
« de bâton s'écrivaient, tu recevrais souvent de mes
« nouvelles. Ta mère te gâte toujours; et pour preuve,
« tu trouveras ci-joint cinq francs, qu'elle t'envoie à
« mon insu. »

Un homme qui n'avait qu'un pantalon et qui l'avait donné à sa blanchisseuse disait : — j'irais bien chercher mon pantalon, mais pour l'aller chercher il faudrait que je l'eusse.

Cette tournure de phrase rappelle un autre mot d'Odry : — Je n'aime pas les épinards; et c'est heureux, car si je les aimais, j'en mangerais; et je ne peux pas les souffrir.

R

Un paillasse disait : — J'aime mieux être railleur que tailleur, parce que l'un prend l'R, et que l'autre ne prend que le T.

RACINE

Dans un cabaret, un commis voyageur combattant les propositions d'un paysan bel esprit, lui disait : — Écoutez là-dessus l'opinion de Racine...

— Quelle racine? interrompit le paysan; est-ce la racine grecque? j'en ai entendu parler; mais je ne sais pas ce que c'est. Est-ce la racine radix qui guérit les maux de dents? Est-ce la racine cube ou la racine carrée, qui sont dans la bouche du maître d'école? Est-ce la racine des cheveux? la racine de tremble? la racine d'avoine? la racine du buis? la racine des choux?...

Le bavard allait poursuivre longtemps encore, lorsque le commis voyageur s'écria :

— Racine est un poëte.

— Singulier nom pour un poëte. Qu'est-ce qu'il faisait ou qu'est-ce qu'il fait, s'il est vivant?

— Il n'est plus vivant. Il faisait des vers.

— Des verres à vin ou des verres à bière? des verres à vitres? des...

— Taisez-vous donc et laissez-moi placer un mot. Si vous refusez d'acheter mon vin aujourd'hui, parce que vous comptez sur une température qui fera baisser les prix, ne vous y fiez pas; car Racine disait.

> Ma foi sur l'avenir bien fou qui se fiera :
> Tel qui rit vendredi, dimanche pleurera.

Lorsqu'on eut joué avec applaudissements au Théâtre-Français la tragédie d'*Hernani* de M. Victor Hugo, les partisans du romantique, quand même, s'écrièrent que la tragédie était *déracinée*.

Mais peu après, la vogue de Mlle Rachel fit voir que Racine ne se *déracine* pas.

RACOLLEUR

Un marchand de Paris avait pour enseigne un rat qui collait une affiche, avec cette légende : *Au rat colleur*.

RACCOMMODEMENTS

En affections troublées, les raccommodements ne sont que des raccommodages.

RADIS

Lord Palmerston demandait un jour en société :
— Pourquoi les radis sont-ils d'un grand poids dans la balance de la justice?
— Parcequ'ils sont toujours crus, répondit M. le comte d'Aberdeen, qui aime passionnément ce genre de légumes.

RAISON

Le duc de Vendôme disait assez plaisamment : — Dans la marche des armées, j'ai souvent examiné les querelles des mulets et des muletiers ; et j'ai remarqué qu'à la honte de l'humanité, la raison était presque toujours du côté des mulets.

Deux paysans terminaient un procès par un arrangement : — Celui qui avait tort s'obligeait à livrer à l'autre, dans trois mois, pour l'indemniser, un cochon? — Mais, quel cochon? demanda l'arbitre. Un petit cochon n'en vaut pas un gros. Quel poids aura-t-il? — Écrivez, répondit le premier : « Un cochon raisonnable. »

RAMPON

Quand le premier consul Bonaparte voulut récompenser les services qui avaient illustré depuis dix ans la carrière militaire du général Rampon, il fit savoir au conseil des Cinq Cents, qui, dans la constitution d'alors, avait le privilége de présenter une liste de trois noms, parmi lesquels le premier consul choisissait celui qu'il jugeait digne du titre de sénateur, qu'il désirait qu'on portât le général Rampon. L'assemblée accueillit cette communication avec sympathie. Mais il y avait alors dans les Cinq Cents un prêtre marié nommé Lecerf, dont les opinions républicaines conservaient la teinte de 93. Il crut faire acte de courage et de malice, en écrivant sur son bulletin : *Puisqu'il faut ramper*, RAMPON. Le premier consul ne fit que rire du calembour.

RASER

Peu de jours après son arrivée à la Bastille, Linguet voit entrer dans sa chambre un grand homme sec qui lui cause quelque frayeur.

— Qui êtes-vous, monsieur? lui dit-il.
— Je suis le barbier de la Bastille.
— Parbleu! vous auriez bien dû la raser.

RASSIS

Un épicier, sur le boulevard du Temple, à Paris, avait pour enseigne un tableau représentant deux rats sciant un pain de sucre, avec cette devise : *Au pain de sucre rats scient.*

RATAFIA ET BARNABÉ

— Quels sont les inventeurs des deux premières lettres de l'alphabet? — Rata et Barna. *Rata fit* A et *Barna* B.

RÉBUS

Farce énigmatique, aujourd'hui plus en vogue que jamais, composée de figures et de lettres dont l'arrangement, le nombre, la couleur, expriment un mot, un nom ou une pensée. Pour signifier *vieux parchemin*, on peint un vieillard qui chemine, appuyé sur un bâton. Pour exprimer ces paroles : *J'ai soupé entre six et sept*, on a mis un G sous un P, entre les deux chiffres 6 et 7.

Le Français, né malin, emploie quelquefois le rébus avec finesse. Parmi les hiéroglyphes ou caricatures qui tapissaient, en l'an VII, les boutiques des marchands d'estampes, on en distinguait une à qui l'événement donna, en quelque sorte, le mérite de la prophétie. Le dessinateur avait représenté les membres du Directoire, et, au-dessous, une lancette, une laitue et un rat; ce qui, aux yeux des connaisseurs, signifiait : *L'an* VII *les tuera*.

En effet, en l'an VII (nouveau style), Bonaparte revint tout à coup d'Égypte; et si ce retour inopiné ne tua point les directeurs, il tua le directoire.

M. Flamand, médecin, ne montait jamais sa garde, c'est un fait reconnu; mais, en revanche, lorsqu'il était cité devant le conseil de discipline, il y envoyait des missives originales. En voici une :

LE PRÉSIDENT. — Messieurs, le docteur Flamand, assigné pour avoir manqué sa garde, me fait parvenir le billet suivant, que je livre à vos méditations, n'y comprenant rien du tout :

Aves	Par suite de plusieurs	Aves
Prendre	Je n'ai pu, messieurs,	Prendre
Nous	De monter la garde;	Nous
Pot	Je n'ai pu quitter l'	Pot
E	Où mon vin était	E
Voir	Pourtant on me fait	Voir
Ainés	Que vous allez être	Ainés
Quatre murs	A me mettre	Quatre murs

Ouverte	Voyant ma prison	Ouverte
Vue	J'ai différé notre	Vue
Mise	D'un ami j'ai pris l'	Mise
Faites	Espérant sur ces	Faites
Ailles	Ne pas vous trouver sans	Ailles

Après avoir longtemps examiné le billet, le conseil interpelle un monsieur qui l'a apporté, et demande ce que c'est.

Le monsieur. — C'est un rébus (Rires.)

Le président. — Encore faut-il en avoir la clef?

Le monsieur. — C'est facile. Voici comment l'excuse de mon ami se lit :

« Par suite de plusieurs entraves, je n'ai pu, Messieurs, entreprendre de monter la garde; entre nous, je n'ai pu quitter l'entrepôt où mon vin était entré. Pourtant on me fait entrevoir que vous allez être entraînés à me mettre entre quatre murs : voyant ma prison entr'ouverte, j'ai différé notre entrevue. D'un ami j'ai pris l'entremise, espérant, sur ces entrefaites, ne pas vous trouver sans entrailles. »

Au milieu du rire général, l'officieux ami du docteur Flamand entend condamner ce savant à vingt-quatre heures de prison.

RECEVOIR

Un marchand présentait une requête à un très-grand seigneur pour être payé de ses fournitures. — Est-ce que vous n'avez rien reçu, mon ami, sur votre mémoire? — Je vous demande pardon, Monseigneur, j'ai reçu un soufflet de votre intendant.

RÉCHAUD

Une jeune fille répétait une ariette. — Voilà un *ré* trop froid, lui dit son maître de musique. — Si vous voulez un *ré chaud*, répondit la jeune fille, on le trouve à la cuisine.

RECONNAISSANCE

On donne ce nom aux reçus du Mont-de-Piété, lorsqu'on y a déposé des gages.

— L'ingratitude est à son comble dans Paris, dit un mauvais plaisant; sans le Mont-de-Piété, on n'y trouverait plus de reconnaissance.

RECONNAITRE

Terme de l'argot militaire. En voici l'application, qui fut faite par la feue garde nationale de Louis-Philippe :

Un capitaine de ronde s'était arrêté devant un poste de la garde nationale et attendait que le chef de poste vînt le reconnaître :

Il attendit dix minutes... Personne ne venait.

Impatienté, il pousse la porte et s'écrie :

— Ah ça! viendrez-vous me reconnaître?

— Impossible! fit un caporal qui gardait le poste, le lieutenant est parti.

— Eh bien?

— Eh bien! comment voulez-vous que je vous reconnaisse, moi? Je ne vous ai jamais vu!

RECULER

Avance, Hercule! dit Cadet Roussel, professeur de déclamation, dans une leçon qu'il donne à son élève.

— Comment! *avance et recule*, répond l'autre, qui ne comprend pas qu'on s'adresse au plus redoutable des demi-dieux.

Un Gascon disait qu'il n'avait jamais achevé les leçons de danse que son maître avait commencé à lui donner, parce que, quand il avait fallu former le pas en arrière, il n'avait pu s'y déterminer, de peur qu'il ne fût dit qu'une fois en sa vie il avait reculé.

REDONDANCE

Commerson a dit : — Aujourd'hui tout le monde pose. L'homme propose; la femme dispose; l'industrie expose; le commerce dépose; les consciences composent; les grands hommes se reposent.

Il pourrait ajouter ce qu'un amateur oppose : Que le chimiste décompose; que le conspirateur suppose; que l'État impose; que le mauvais vin indispose; que les compilateurs transposent.

REDRESSER

Un bossu, qui se lançait dans le monde, disait à son ami :
— Si tu me vois faire quelque chose de gauche, redresse-moi.
— Je t'avertirai, dit l'autre; mais je ne pourrais pas te redresser.

RÉFLÉCHIR

— Pourquoi un miroir est-il muet? — Parce qu'il réfléchit.

REGARDER

Ce mot a plusieurs sens. On sait que Lacondamine était très-indiscret. Un jour qu'il jetait un regard curieux sur une lettre qu'un de ses amis écrivait, celui-ci lui dit : — Mon ami, tu regardes ce qui ne te regarde pas.

RELEVER

Un homme que l'on avait placé en faction, et qui était gris, tomba par terre et y resta; le caporal, passant par là, lui dit : — Malheureux! que fais-tu là? Si l'officier te voyait, tu irais en prison.— Pourquoi? répondit le soldat; quel mal ai-je fait en me mettant par terre, puisqu'on m'a dit que toutes les deux heures on relevait les sentinelles.

RELIRE ET RELIER

Un homme riche, qui ne lisait guère, disait : — Je relis Montaigne pour la sixième fois. — Monsieur est relieur? lui dit un auditeur qui le connaissait.

REMISE

—Vous allez vous marier, Monsieur?— Oui, Jocrisse; et j'y vais sans remise, entends-tu bien. — Là-dessus, Jocrisse descend et dit à la portière : — Allez chercher une voiture; et, comme Monsieur ne veut pas de *remise,* amenez un fiacre.

REMONTER

Un ménage avait descendu ses meubles à Paris, du troisième étage au rez-de-chaussée. Au bout de quelques jours, on dit à une fille de boutique un peu obtuse : — Prudence, il faut remonter la pendule. — Elle la remonta au troisième étage.

RENDRE

Une femme, ayant reçu un soufflet de son mari, alla consulter un avocat pour savoir si elle pourrait à cause de ce fait obtenir sa séparation. Le mari, sachant qu'elle avait fait cette démarche, lui demanda d'un air goguenard quel parti elle allait tirer de son soufflet !

— Comme on m'a dit que je n'en pourrais rien faire, répliqua-t-elle, je vous le rends.

Ce qu'elle fit et fit bien.

DIATRIBE SUR LE MOT RENDRE.

Le mot de rendre est bon, je le sais bien ;
Mais coup sur coup le répéter sans cesse,
Autre chose est. Alors il ne vaut rien.
Il faut, dis-tu, rendre à chacun le sien ;
Ce fonds rend tant. Quand un lavement presse,
Il faut le rendre ; Alain se rend chartreux ;
Jean voit Lisette, il s'en rend amoureux ;
Le roi se rend à Mons, qui va se rendre ;
Il se rendra tôt maître de la Flandre.
Tu rends en cour mille respects aux grands,
En ta maison mille soins à ta femme ;
Fèves pour pois tu fais bien rendre aux gens.
Rendeur bavard, qui tant de choses rends,
L'un de ces jours puisses-tu rendre l'âme !

RENIER

Au bas de la statue pédestre élevée à la gloire de Louis XIV, au milieu de la place des Victoires, à Paris, on lisait d'assez mauvais vers faits par un nommé Renier, de l'Académie française. Quand on demandait à Santeul ce qu'il pensait de ces vers, il disait : — Ce sont des vers à Renier.

REPAS

Quels sont les hommes les plus sobres ? — Les couteliers, parce qu'ils font des repassages.

RÉPLIQUES

Un capitaine de vaisseau, ayant besoin de la protection d'un premier commis de la marine, qui avait une merveilleuse adresse à tirer parti de sa place, lui envoya une balle de café.

— Qu'est-ce que cela ? demanda le bureaucrate au domestique qui accompagnait le message.

— Monsieur, c'est une balle de café moka que mon maître vous prie d'accepter.

— C'est bon ; laissez cela là, et allez dire à votre maître que je ne prends pas mon café sans sucre.

Louis XIV parlait un jour du pouvoir que les rois ont sur leurs sujets ; le comte de Guiche osa prétendre que ce pouvoir avait des bornes ; mais le roi n'en voulant admettre aucune, lui dit avec emportement :

— Si je vous ordonnais de vous jeter à la mer, vous devriez, sans hésiter, y sauter la tête la première. Le comte, au lieu de répliquer, se retourna brusquement et prit le chemin de la porte. Le roi lui demanda avec étonnement où il allait. — Apprendre à nager, sire, lui répondit-il. Louis XIV se mit à rire, et la conversation en resta là.

Mais ce récit n'est qu'un conte.

On répétait, devant Martainville, cette maxime si connue : Qui paie ses dettes s'enrichit. — Bah ! bah ! répondit-il ; c'est un bruit que les créanciers font courir.

— O Julie, disait sentimentalement un jeune amoureux, la première fois que vous me parlerez ainsi, je me tuerai à vos pieds ! — Et la seconde fois ? répondit la demoiselle.

Piron, dînant chez madame ***, se livra à quelques

sarcasmes violents qui déplurent. — Vous êtes un cheval, lui dit cette dame. Le poëte se lève de table, tenant sa serviette à la main.

— Où allez-vous donc? — A l'écurie. — Vous n'avez pas besoin de serviette.

Un petit prince d'Italie envoya dire à un étranger de sortir dans vingt-quatre heures de ses États. — Il me fait trop de grâce, répondit celui-ci; je n'ai besoin que de trois quarts d'heure pour en être dehors.

Un matin, sur un banc du Luxembourg, un jeune homme timide, qui voulait engager conversation avec une jeune personne placée à côté de lui, saisit adroitement le moment où un insecte montait sur son châle pour dire: — Mademoiselle, je vous préviens que vous avez une bête derrière vous. — Ah! mon Dieu! monsieur, dit la dame en se retournant étonnée et comme effrayée, je ne vous savais pas là.

On reprochait à l'abbé Terrai qu'une de ses opérations ressemblait fort à prendre l'argent dans les poches. Il répondit: — Eh! où voulez-vous donc que je le prenne?

A Naples, un commandeur de Malte, homme riche et avare, laissait user sa livrée au point qu'un savetier du voisinage, voyant les habits de ses gens tout troués, s'en moquait. Ils s'en plaignirent à leur maître, qui fit venir le savetier et le tança sur son insolence. — Moi! Monseigneur, c'est une calomnie. Je sais trop le respect que je dois à Votre Excellence, pour me moquer de sa livrée. — On dit pourtant que tu ris sans cesse en voyant les habits de mes gens. — Il est vrai, Monseigneur; mais c'est des trous que je ris, et à ces trous il n'y a pas de livrée.

— Mon ami, n'êtes-vous pas janséniste? disait un

confesseur a son pénitent. — Non, mon père, je suis ébéniste.

Le comte d'Alets, passant par Lyon, fut conduit chez le lieutenant du roi, qui, ne le connaissant pas, le reçut avec hauteur et lui dit :

— Mon ami, que disait-on à Paris quand vous en êtes sorti ?

— Des messes, répondit le comte d'Alets.

— Mais je vous demande ce qu'il y a de nouveau ?

— Des pois verts.

— Mon ami, vous êtes plaisant. Comment vous appelez-vous.

— A Lyon, les sots m'appellent mon ami ; à Paris, on m'appelle le comte d'Alets.

REPOS

Une actrice nouvelle, qui jouait à Londres le rôle de lady Anne dans la tragédie de Richard III, ayant répété ce passage :

Ah ! quand aurai-je un peu de repos !

Un de ses créanciers qui était au parterre lui cria : — Jamais, si vous ne me payez pas les trente schellings que vous me devez.

REPRÉSENTÉ

On disait à un représentant, avant le 18 brumaire, qu'il y avait parmi eux de grands scélérats. Il répondit que dans un grand État il fallait que tout le monde fût représenté.

RESSORT

Ce mot a plusieurs sens, comme on le voit dans cette boutade faite au milieu du XVIIe siècle contre le parlement. L'esprit alors n'était pas si délicat qu'aujourd'hui :

> Emmitouflés de robes rouges,
> Qui jugez souverainement,
> Auguste et grave parlement,
> Qui faites vos lois dans vos bouges,
> Croyez-vous être bien bravés
> Quand vous dites que vous avez
> Quantité de ressorts en France ?
> Un avantage si commun
> N'est pas de grande conséquence :
> Mon tourne-broche en a bien un.

RESTAURER

Le dîner splendide que le duc de Penthièvre donna aux membres de l'Académie, le lendemain de la réception du chevalier de Florian, valut à ce prince le titre de *restaurateur* de l'Académie française.

RESTER

Je vois douze pigeons sur un arbre, je tire sur eux, j'en tue cinq. Combien en reste-t-il ?

— Il en est resté sept.

— Non, il n'en reste point, parce que les autres se sont envolés.

RETARD

— Ma montre retarde de deux heures, disait un étudiant à un autre étudiant. — La mienne, répond celui-ci, retarde de 200 francs.

Il l'avait mise au Mont-de-Piété.

RÉUNION

On lisait dernièrement dans un journal du Bas-Rhin cette phrase textuelle : « De magnifiques fêtes se préparent à Strasbourg, en l'honneur de l'anniversaire de *la réunion de la France à l'Alsace.* »

Cette manière d'entendre cette réunion nous rappelle la joie naïve de ce Génevois qui, à l'époque où sa ville natale devenait la capitale du département du Lac-Léman, s'écriait avec une satisfaction enthousiaste :

— Dieu me damne ! la nouvelle est bonne. On vient de réunir la France à Genève.

RHUBARBE

Lorsqu'en 1793 on eut supprimé les saints à Paris, on ôta cette désignation aux écriteaux des rues. On appela donc la rue Saint-Antoine rue Antoine, la rue Sainte-Barbe, rue Barbe et ainsi des autres. Un provincial demandait un jour au commissionnaire du coin la rue Barbe..

— La *rhubarde*, répondit l'autre; entrez là chez l'apothicaire.

RIME ET RAISON

La comtesse de La Suze, que ses poésies ont rendue célèbre, plaidait au Parlement de Paris contre la duchesse de Chatillon. Ces deux dames se rencontrèrent dans la grande salle du Palais. Le duc de la Feuillade donnait la main à la duchesse ; il dit à Madame de La Suze, qui était accompagnée de Benserade et de quelques autres poëtes :

— Madame, si vous avez la rime de votre côté, nous avons la raison du nôtre.

La comtesse repartit aussitôt :

— Ce n'est donc pas sans rime ni raison que nous plaidons.

RICHELIEU

Dans les épigrammes que subit ce grand ministre, nous avons toujours remarqué celle-ci, à cause du jeu de mots :

> Jésus-Christ vint de pauvre lieu
> Apportant la paix sur la terre.
> S'il fût venu de Richelieu,
> Il nous eût amené la guerre.

RIVAROL

Il disait de M. Le Tonnelier de Breteuil, ambassadeur de France à Vienne : — Il aurait dû raccommoder les cercles de l'empire.

Il disait en parlant d'Arnaud Baculard : — Ses idées ressemblent à des carreaux de vitre entassés dans le panier d'un vitrier, claires une à une, et obscures toutes ensemble.

RIVE

Après la mort de l'acteur Lekain, tragédien renommé, Larive fut choisi pour le remplacer dans les grands rôles. Les critiques dirent bientôt : — Lekain, en passant le Styx, n'a pas laissé son talent à la *rive*.

ROGNER LES LIVRES

Jobin plaidait contre son relieur. Son débat ayant produit de curieux contre-sens par suite de mots rognés, nous en citons ici quelques passages que les journaux ont rapportés :

Le Juge. — Reconnaissez-vous que le demandeur a travaillé pour vous?

Jobin. — Joli travail... Je lui en ferai mon compliment un de ces jours, quand il repassera... C'est du propre... En vérité, je ne comprends pas l'audace de ce Monsieur... c'est comme si, après m'avoir jeté un pot à fleurs sur la tête, il me demandait une indemnité pour la casse... il peut en rire... Permettez-moi d'en rire.

Le Juge. — Mais enfin, que lui reprochez-vous?

Jobin. — Voici le fait; il est odieux... Je suis abonné au *Corsaire* depuis cinq ans... cette feuille me plaît... elle est fort gaie, je suis fort gai, nous sommes faits l'un pour l'autre. (Rires.) Un jour, il me prit l'envie de faire relier ma collection... j'ai eu l'imprudence de la confier à cet être (il montre son adversaire). Ça s'intitule relieur, ça... si ça ne fait pas suer... Faites des bottes de foin, mon cher, reliez des asperges... mais des livres, plus souvent! (On rit).

Le Juge. — Modérez-vous, et n'insultez personne.

Jobin. — C'est vrai, je m'exalte, j'ai tort... Je reviens au fait. Ce délicieux, ce charmant, cet adorable relieur... c'est écrit sur sa boutique, parole d'honneur : *M. D...*, *relieur*... Enfin, ce délicieux, ce charmant, cet adorable relieur me garda ma collection trois mois : premier grief.... Je continue. Au bout de ce laps de temps, il me la rapporte *rognée*, à ce qu'il disait; j'examine la fourniture... Au dehors, ça pouvait encore passer... mais voilà que je m'avise d'ouvrir un volume... (Élevant la voix.) Oh! grands dieux! que vois-je? pas de marge, pas la moindre petite marge... Bien mieux, l'impression même était rognée... l'instrument tranchant avait mordu sur presque toutes les colonnes.

Le Relieur. — C'est faux !

Jobin. — Ah! c'est faux... Je suis enchanté que vous

ayez dit ça... J'ai ici la preuve ; j'ai apporté un volume de ma malheureuse collection. (Au juge.) Vous allez voir dans quel état il l'a mise... et si ça ne crie pas vengeance... Tenez, je vais vous citer des exemples sur différentes divisions du journal. Commençons par la politique ; je lis, page 30 : *Le gouvernement marchera toujours mal avec un car...* (On rit.) Il y avait avec un cortége de flatteurs. » Mais ce n'est rien encore. Passons à la politique extérieure ; je lis page 203 : « *En ce moment la Grèce doit ..* » (Hilarité.) Je vous demande pardon du calembour .. Monsieur a rogné la suite : « La Grèce doit... veiller à ses intérêts » J'arrive à l'article théâtre où je trouve : *La voix de Madame Stolz est tous les jours en progrès, c'est la voix d'une sy...* (Rires.) Le reste est coupé... « La voix d'une syrène. » Je termine par deux autres citations. Dans un article de modes, on peut lire : *Le salon des Modes Françaises, 20, rue d'Antin, est toujours cité par ses cha...* (Grande hilarité.) Sous-entendu « peaux. » Et enfin, dans un article de critique littéraire, je vois : *Madame Anaïs Ségalas vient encore de mettre au four un petit vo...* (Explosion de rires.) La fin manque... L'auteur a voulu dire *volume*. (On rit.) Je crois n'avoir pas besoin de vous en dire davantage, et vous comprendrez maintenant pourquoi je refuse de payer à Monsieur le montant de sa facture. Quant aux dommages-intérêts auxquels j'aurais droit... eh bien, voyons, je suis généreux, j'y renonce, j'y renonce, (avec éclat) j'y renonce ! (On rit.)

La demande du relieur est repoussée.

ROGNER LES ONGLES

Charles Lameth, en 1790, eut un duel où il fut

blessé à la main. On publia ce quatrain sous le titre de « Dernier Bulletin de M. Lameth :

— Faudra-t-il à Lameth couper quelques phalanges ?
Demandait à Dufouarre un patriote ardent.
— Non, dit le médecin, transporté jusqu'aux anges,
Il lui faudra rogner les ongles seulement.

ROI ET SAVETIER

Un acteur comique de bas étage s'avisa de jouer un rôle de roi : il fut atrocement sifflé. L'acteur, contraint de retourner à son véritable emploi, joua le lendemain un rôle de savetier et fut couvert d'applaudissements. — Cela prouve, lui dit un de ses camarades, que tu as joué le roi comme un savetier, et le savetier comme un roi.

ROIS

Pour la fête de l'Épiphanie, la grande solennité des Gentils, qui la célèbrent si imparfaitement chez nous, et qui a pourtant laissé de grandes affections dans les familles, un de nos démocrates les plus foncés invita, en 1849, plusieurs de ses amis et ennemis politiques à venir *tirer les rois*.

Seulement, au moment de l'apparition du gâteau, il a prévenu ses convives qu'au haricot consacré il avait fait substituer une épingle. Interrogé sur le motif de cette substitution :

— C'est pour étrangler les prétendants, a-t-il répondu d'une voix caverneuse.

ROUGES

Brunet disait, en parlant des personnes qui ont les cheveux rouges : — Les rouges sont mes bêtes noires.

Un chasseur, qui avait couru quelques périls dans une partie de chasse où il avait tué des perdrix rouges, disait : — Voilà des perdrix rouges qui m'en ont fait voir des grises !

ROUTE

Pascal a dit : — Un fleuve est une grande route qui marche. Un homme moins profond demandait : — Qui va de Paris à Strasbourg sans faire un pas ? Un Alsacien répondit : — La grande route.

RUDIMENT

M. de Rothschild disait l'autre jour à M. Maurice Alhoy : — Je vous prêterai un million pour relever le théâtre Saint-Antoine, si vous me devinez quand le chef d'une mosquée ressemble à une grammaire.

— Je ne sais pas.

— Eh bien... c'est quand il a des manières rudes, parce qu'alors c'est un *rude iman.*

S

SAGE

Ménage, attaqué d'une pleurésie, demanda qu'on lui fît venir le Père Airaut, jésuite, son parent. A peine le religieux est entré dans la chambre du malade, qu'il l'embrasse, lui témoigne sa douleur, le console et l'exhorte à la mort. Ménage, édifié de tout ce que le Père Airaut lui dit des miséricordes de Dieu, dit en soupirant : — Je vois s'accomplir la pensée que j'ai toujours eue : qu'on a besoin d'une sage-femme pour entrer dans le monde, et d'un homme sage pour en sortir.

SALUT

Un homme se plaignait à un de ses amis de n'avoir pas été salué par lui, à la sortie de l'église. Celui-ci lui répondit : — Mon cher, hors de l'église, point de salut !

SANG

Santeul disputant un jour avec le grand Condé sur quelque ouvrage d'esprit, le prince dit au poëte : — Savez-vous, Santeul, que je suis prince du sang ? — Oui, Monseigneur, je le sais ; mais moi je suis prince du bon sens ; ce qui est préférable.

SANGUIN

Un négociant qui faisait mal ses affaires disait : — On se trompe sur mon tempérament ; on me croit flegmatique et je suis *sans gain*.

SAPEURS

Quand le dernier roi s'enfuit, on dit qu'il s'en allait accompagné de *sa peur*.

Ce mot a produit plusieurs fois un même calembour, dont voici la plus récente application :

> Que dit-on donc ?... que Ledru, dans sa fuite,
> Est parti seul, sans suite ?... O grave erreur !...
> Il s'est sauvé, j'en conviens, au plus vite,
> Mais il était escorté de... sa peur !...

SAVOIR

Une troupe de comédiens ambulants venait de jouer *le Misanthrope* dans une petite ville de Normandie.

L'acteur qui avait rempli le rôle d'Alceste, et qui l'avait joué de moitié avec le souffleur, s'avance après la représentation et dit : — Messieurs, nous aurons l'honneur de vous donner demain *le Philosophe sans le savoir*. — Non pas! non pas! s'écrie le maire tout furieux; vous venez de jouer *le Misanthrope* sans le savoir, et vous saurez demain, s'il vous plait, *le Philosophe* pour le jouer.

Le maréchal de Villeroi, gouverneur de Louis XIV, écrivait d'une manière absolument illisible. Il écrivit un jour une lettre au cardinal de Fleuri, précepteur du jeune monarque; l'instituteur ne put déchiffrer un mot de ce que le gouverneur voulait lui dire. Il le pria de vouloir bien lui communiquer sa pensée d'une manière plus lisible. Le maréchal écrivit une seconde lettre, à laquelle Fleuri répondit : — Votre seconde lettre n'est pas beaucoup plus lisible que la première. Au surplus, pour notre honneur commun, cessez de m'écrire, afin qu'on ne dise pas dans le monde que le roi a un gouverneur qui ne sait pas écrire, et un précepteur qui ne sait pas lire.

SCHILLER

Quel est le poëte dont les sécrétions ont été les plus légères? — Schiller.

SECOUER

Un apothicaire de Newcastle, s'étant chargé du traitement d'un malade qui était à l'article de la mort, lui envoya une fiole de médecine, avec ces mots : *bien secouer avant de faire prendre*. Le lendemain, il alla voir l'effet de son remède. En entrant chez le malade, il demanda à un domestique comment se portait son maitre. Celui-ci ne répondit que par des larmes. — Quoi! est-ce qu'il est plus mal? — Oui, monsieur; mais comme vous nous avez dit de le secouer avant de lui faire prendre votre médicament, nous avons suivi vos ordres et il est passé dans nos bras.

SEIGNEUR

On demande à Arlequin pourquoi il se permet de prendre place parmi des gentilshommes? — Je suis fils d'un *saigneur*, dit-il. Son père en effet était chirurgien.

SEINE

Un homme lisant au bas des personnages d'une pièce cette indication : — *La scène est à Constantinople;* — Voilà, dit-il, une rivière qui fait bien du chemin.

SEIZE

On disait d'un homme âgé, pour rassurer une jeune fille qui l'épousait, que ce monsieur n'avait que *ses ans*.

SEL

Montmaur était riche, mais avare; il aimait mieux diner chez les autres que de donner à manger chez lui; et comme il savait assaisonner la conversation de beaucoup de traits piquants, il disait à ses amis : — Fournissez la viande et le vin, je fournirai le sel.

S'EN REPENTIR

Le pléonasme qui suit a un double sens assez juste : — Qui verse le sang, s'en repent.

SENS

Quelles sont en France les femmes les plus raisonnables? — Les femmes de Sens.

SENSÉ

Lorsqu'on eut sifflé la pièce sans A, Brunet pria l'auteur de lui faire une drame sans C.

SEPT VEINES

Quelle est le pays où le sang circule le mieux? A cette question de M. Dupin, M. Guizot répondit : — Les Cévennes.

SERIN

Quand peut-on mettre le temps en cage?
— Quand il est serein.

SERMENT

Une jeune fille, épousant contre son gré, prononça le oui si froidement que quelqu'un dit : — Le pauvre mari n'a là qu'un serment de bouche. — Et, riposta un autre, la pauvre femme a un serrement de cœur.

SERPENT

Une cause singulière s'est présentée il y a quelque temps au tribunal de simple police de Fontaine-Libeau (Seine-Inférieure). M. le curé, prêchant sur le péché originel, avait plusieurs fois répété :

« C'est le serpent maudit qui a causé vos malheurs, mes frères, c'est lui qui est la cause de la perte de tant d'âmes. »

Un serpent, non pas un boa, mais un de ces virtuoses en surplus qui musicient de toutes leurs forces, et écorchent quelquefois les oreilles des fidèles, le serpent donc de la paroisse se lève tout à coup, et, interrompant le vénérable pasteur, d'un ton moitié furieux, moitié stupéfait :

— Moi ! j'ai causé tout ce mal-là ! s'écria-t-il ; apprenez que depuis 50 ans que je suis serpent de père en fils, je n'ai jamais fait de tort à personne ; je ne suis qu'un serpent, mais je suis honnête.

Ayant adressé quelques injures à M. le curé, qui tentait vainement de lui donner les explications les plus satisfaisantes, le susceptible serpent a été traduit en simple police et condamné à deux jours de prison.

SERVANTE

On raconte qu'une actrice, causant littérature avec une de ses camarades, se mit à dire que *Don Quichotte* n'était qu'un roman de cuisinière. — Comment, répliqua son interlocutrice fort étonnée, *Don Quichotte*, mais c'est un des ouvrages les plus ingénieux qui aient jamais été écrits. — Je n'en parle que d'après notre directeur, répliqua la première, c'est lui qui m'a certifié hier que *Don Quichotte* était un roman de Cervantes.

SERVICE

Au nombre des hommes éminents promus à une des plus hautes dignités de la dernière république, il se trouvait un ancien marchand de porcelaines. — Qu'a-t-il donc fait pour mériter cette récompense ? demanda quelqu'un qui entendait prononcer le nom du nouveau dignitaire pour la première fois. Est-ce qu'il a rendu des services ? — Non, il en a vendu, répondit M. le baron T...

SE TAIRE

Cadet Roussel, professeur de déclamation, dit dans dans une leçon : Il faut *parler Esther*. — Comment! *parler et se taire*, dit un élève, qui ne voit pas qu'on s'adresse à la nièce de Mardochée.

SIFFLEUR

Lorsqu'on joua la comédie du *Persiffleur* de Sauvigny, les plaisants, les faiseurs de calembours, les siffleurs enfin, dirent que le père siffleur avait tous ses enfants au parterre.

SINGE

Une pimbêche d'importance, qui avait un procès, était venue solliciter en sa faveur le premier président de Harlay. Comme ce magistrat ne lui avait pas fait l'accueil qu'elle croyait lui être dû, elle dit, en passant dans l'antichambre, mais assez haut pour être entendue du président :

— Peste soit du vieux singe!

Le lendemain néanmoins l'affaire fut appelée, et cette dame gagna son procès. Elle courut aussitôt remercier le président, qui, pour toute vengeance, se contenta de lui dire :

— Sachez madame, une autre fois, qu'un vieux singe est toujours disposé à faire plaisir aux guenons.

SOL

Quelles sont les notes de musique que les frotteurs d'appartements aiment le mieux?

— Les notes *sol fa si la si ré*.

SON

ÉPIGRAMME SUR FAUCHET
ÉVÊQUE CONSTITUTIONNEL DE PARIS (1791)

Ce janséniste cannibale,
Fauchet, un jour, longuement pérora
Sur les bouffons et l'Opéra,
Dans la tourbe municipale.
Or le prêtre-bourreau prétend
Que tout théâtre dit chantant
Envoie un jour par mois ses acteurs à la halle
Pour y chanter, hurler, bailer
Et de chansons le peuple régaler.
Pour cet avis très-fortement j'opine,
Reprit Warville, aimable polisson ;
Du moins, s'il manque de farine,
Le peuple aura toujours du son.

On demandait dernièrement : Pourquoi la musique, qui charme les chevaux désole-t-elle les chiens ? L'auteur des sphinx du petit journal pour rire répondit :
— C'est que les chevaux aiment le son et que les chiens l'ont en dégoût.

SONNET

Pourquoi un sot devient-il poëte en prenant un bain ?
— Parce qu'il fait un *sot net*.

SORTIR

Des femmes de Paris qui avaient été voir des fous demandèrent à l'un d'eux de leur donner trois numéros pour la loterie. C'était une croyance, à Paris, dans les classes peu instruites, que les fous sont doués d'une sorte de divination.

Le fou écrivit trois numéros sur un papier, l'avala, et leur dit : — Mesdames, repassez demain, vos numéros seront sortis.

Un certain marquis connu par ses singularités, vantait à la feue reine de France un remède dont il avait le secret, et qu'il disait avoir fait prendre à un de ses amis fort malade. L'a-t-il guérie? demanda la reine.

— Madame, dès le lendemain j'allai pour le voir ; il était sorti.

— Comment! déjà sorti!

— Oui, madame, il était allé se faire enterrer à Saint-Sulpice.

SOTS

Du temps où florissait le régime parlementaire, un député s'excusait de s'être fait attendre en disant qu'il était avec le garde des sceaux. On lui répondit : — Il vous a gardé bien longtemps.

Le marquis de Cahusac, jouant au piquet, reconnut, par ses cartes de rentrée, qu'il avait mal écarté, et s'écria : — je suis un franc Goussaut!

Le président Goussaut, renommé par sa stupidité, se trouvait par hasard derrière le joueur, et lui dit :

— Vous êtes un sot!

— Vous avez raison, repartit Cahusac, c'est ce que je voulais dire.

SOU

Le Pont-des-Arts, disait Odry, lorsqu'on payait un sou le passage, le Pont-des-Arts a cela de particulier qu'il n'y a pas plus de personnes dessus que de *sous*.

— Et il ajoutait, en parlant des receveurs au péage

de ce pon — Ils doivent avoir beaucoup de mémoire, à force de voir des *sous venir*.

SOUFFLET

Deux personnes qui s'étaient mutuellement souffletées allaient se battre. On pria M. de Bièvre de les réconcilier. — Me prenez-vous, dit-il, pour un raccommodeur de soufflets?

SOUFFRER

Quelles sont les gens les plus à plaindre?
Les faiseurs d'allumettes, parce qu'ils souffrent pour tout le monde.

SOUL

Un écolier à qui on avait donné un sou pour la promenade rentra avec des coliques, causées par une intempérance de coco. Son maître lui reprochait cet excès, en lui disant qu'il n'avait pas besoin d'avaler deux énormes verres à deux liards. — Ce n'est pas ma faute, reprit l'enfant, la cocotière n'avait pas de monnaie à me rendre, alors j'ai bu tout mon *sou*.

SOULIER

Quel est l'auteur le plus crotté? — Soulié.

SOURD

Quelles sont les gens qui entendent le moins la plaisanterie? — Ce sont les sourds.

SPA

On conte que le marquis de Bièvre, étant allé prendre les eaux de Spa, ne voulut pas quitter cette gracieuse ville champêtre sans lui laisser un calembour ; il partit en disant : — Je m'en vais de *ce pas*.

STYLE

« Gallophile de tout temps, mon cœur est sans fard et mon âme est sans-culotte. »

C'était avec des phrases aussi barbares, aussi ridicules et aussi ineptes que le Prussien Anacharsis Clootz, collègues et consorts se prétendaient des patriotes exclusifs.

« Petit pape, petit papelin, vous êtes un âne, un ânon ; allez doucement, il fait glacé, vous vous rompriez les jambes, et on dirait : que diable est-ce ceci ? Le petit ânon de papelin est estropié, un âne sait qu'il est un âne, une pierre sait qu'elle est une pierre ; mais ces petits ânons de papes ne savent pas qu'ils sont ânons. »

Tel était le style dans lequel Luther écrivait au pape Léon X, le restaurateur des arts et des lettres.

J'admire, disait un membre d'assemblée populaire, à propos de la force, j'admire celle de Samson qui, avec une mâchoire d'âne, passa mille Philistins au fil de l'épée.

Dryden se trouvant un jour, après boire, avec le duc de Buckingham, le comte de Rochester et le lord Dorset, la conversation vint à tomber sur la langue anglaise, sur l'harmonie du nombre, sur l'élégance du style, sorte de mérite auquel chacun des trois seigneurs prétendait exclusivement et sans partage. On discute, on s'échauffe, on convient enfin d'en venir à la preuve, et de prendre un juge. Ce juge fut Dryden. La preuve consista à écrire, isolément et sans désemparer, sur le premier sujet venu, et de mettre les trois thèmes sous le chandelier. On se met à l'ouvrage... Le duc et le comte font des efforts de génie. Le lord Dorset trace négligemment quelques lignes. Quand chacun eut fini et placé son chef-d'œuvre sous le chandelier, Dryden procède à l'examen. Dès qu'il eut achevé la lecture des trois pièces : « Messieurs, dit-il au duc de Buckingham et au comte de Rochester, votre style m'a plu, mais celui du lord m'a ravi. Écoutez ; c'est vous qu'à présent je fais juges. » Dryden lit : « Au premier de mai prochain (fixe) je paierai à John Dryden, ou à son ordre, la somme de cinq cents livres sterling, valeur reçue; 15 avril 1686. Signé Dorset. » Après avoir entendu ces expressions, Rochester et Buckingham ne purent disconvenir que ce style ne l'emportât sur tout autre.

Nous empruntons à la *Gazette des Tribunaux* un modèle du style soldat :

Bourjot, bijoutier jeune France, est assis sur les bancs de la police correctionnelle (7ᵉ chambre), et Combes, soldat du centre, s'avance au pied du tribunal pour déposer contre lui; il se met au port d'armes, adresse un petit sourire d'amitié au prévenu, et attend que M. le président l'interroge.

M. LE PRÉSIDENT. — Voyons... que savez-vous sur les faits de la plainte ?

COMBES. — Je sais que Bourjot est un bon enfant... là... mais un bon enfant... Il avait seulement un peu siroté ce jour-là... ça peut arriver à tout le monde...

M. LE PRÉSIDENT. — Bourjot est accusé d'avoir frappé un agent de la force publique dans l'exercice de ses fonctions...

LE TÉMOIN. — C'est moi qu'étais dans l'exercice de ma faction.

M. LE PRÉSIDENT. — Expliquez-vous.

LE TÉMOIN. — Voilà, mon colonel... Je m'embêtais le 1ᵉʳ janvier au poste du canal Saint-Martin, poste peu récréatif au point de vue du vent qui vous coupe la figure et des particuliers qui descendent de la barrière en faisant des zigzags et en nécessitant par leurs cris et autres déportements l'intervention du caporal et de la patrouille... J'étais donc là à murmurer crânement, je puis le dire, et à trouver que le coquin de sort m'envoyait de fichues étrennes, lorsqu'un cafetier tout effarouché vient nous dire qu'un Bédouin mettait son établissement sens dessus dessous.

Nous courons au pas de charge à l'endroit susdit, moi, le petit Normand et Briquet, mon voisin de lit... Qué que nous voyons?... Bourjot, le criminel ci-inclus... il voulait empêcher, à lui tout seul, plusieurs autres citoyens de pincer leur partie de carambolage et faisait la garde autour du billard avec une queue à procédé sur les épaules... Il avait bu plus d'une bouteille et paraissait légèrement ému... Nous le sommons de débarrasser le tapis vert... il nous envoie promener... nous le sommons de nous suivre au poste... il nous envoie derechef là où vous savez... Alors nous l'empoignons... il se révolutionne et fait pour 5 francs 75 centimes de casse qu'il paie incontinent avec un pourboire pour la fille... En voilà un bon garçon!...

M. LE PRÉSIDENT. — Mais les coups que vous auriez reçus?...

LE TÉMOIN. — Ça va venir... je ne suis pas pressé. (On rit.) Pour lors, nous l'insérons au violon. Mais, avant d'y entrer, il se tourne comme ça vers moi... je le tenais par le bras gauche... et il me dit : « Vous, si jamais je vous rencontre derrière un mur, je vous décorerai avec une pomme de terre. » (Hilarité.) Il faut lui pardonner... c'est le vin à douze qui parlait pour lui. C'est un fameux bon garçon, allez!

M. LE PRÉSIDENT. — Mais arrivez donc au fait principal.

LE TÉMOIN. — J'y arrive du pied gauche. Pour lors le caporal me plante de faction. J'étais tranquillement à flâner en long et en large, quand voilà Bourjot qui sort du corps de garde. L'autorité compétente l'envoyait dehors pour cuver son liquide. Il s'approche de moi, me passe la jambe, et me voilà tout de mon long par terre, avec mon fusil entre les jambes et mon schako derrière les épaules en guise d'oreiller. Bourjot aurait pu me repasser quelques taloches pendant que j'étais dans cette position humiliante et peu militaire. Mais bah! il filait son nœud à à toute jambes; c'est un si bon garçon!

M. LE PRÉSIDENT. — Vous êtes bien sûr qu'il ne vous a pas porté de coups?

LE TÉMOIN. — Pas le moindre. Un simple billet de parterre. Faites-lui bonne mesure, mon colonel... vrai, c'est un bon garçon.

Le tribunal, prenant en considération les bons antécédents de Bourjot et l'état d'ivresse dans lequel il se trouvait, ne le condamne qu'à 15 francs d'amende.

SUIVRE

On propose en société l'énigme que voici :

> Je ne suis pas ce que je suis;
> Car si j'étais ce que je suis,
> Je ne serais pas ce que je suis.

Solution : c'est un valet, qui n'est pas le maître qu'il suit; car s'il était le maître qu'il suit, il ne serait pas le valet.

SUJET

Marquis, disait un jour Louis XVI au marquis de Bièvre, vous qui faites des calembours sur tout, faites-en un sur moi. — Sire, lui répondit le marquis, vous n'êtes pas un sujet.

SUR

Va mettre ma montre sur l'horloge de l'hôtel de ville, dit M. Duval. — Et Jocrisse s'en va porter la montre au haut du clocher.

Un pâtissier, dont un poëte avait exalté la pâtisserie dans un ouvrage en vers, crut devoir reconnaître cette honnêteté en lui faisant cadeau d'un pâté. Le poëte, ayant remarqué que la feuille de papier qui couvrait le fond de ce pâté faisait partie de sa production, en fit de vifs reproches à son protégé.

— Qu'avez-vous à me reprocher? lui dit celui-ci; nous sommes maintenant à deux de jeu; vous avez fait des vers sur mes pâtés, et moi j'ai fait des pâtés sur vos vers.

SURE

Danière disait que la rue la plus sûre de Paris est la rue de l'Oseille.

SUSPECT

Ce fut à l'occasion de la désignation des suspects qu'un plaisant enfermé au Luxembourg, au moment où Chaumette y fut lui-même conduit à son tour par ordre du comité de salut public, dit en allant à sa rencontre : « Citoyen, je suis suspect, tu es suspect, il est suspect (en montrant un des prisonniers), nous sommes suspects, vous êtes suspects, ils sont suspects. » Puis tournant le dos au nouvel arrivé, il le laissa consterné de son sort, et honteux de se trouver au milieu de ses victimes.

Un plaisant, qui voulait partir avec l'aéronaute Blanchard, s'en fut demander à sa municipalité un passe-port pour la banlieue de la terre : la municipalité assembla le conseil de la commune, et le pétitionnaire fut refusé comme suspect d'émigration.

T

On conte, dans le pays wallon, cette petite anecdote sur deux magistrats, nommés l'un M. Baude, et l'autre M. Buchet. — Baude est allé chez M. Buchet et y a pris le T. — Eh bien! dit l'interlocuteur, qui entend le thé, que s'ensuit-il? — Qu'ils se sont quittés remis à leur place, Baude devenu Baudet, et Buchet devenu Buche.

La correspondance la plus laconique que l'on ait connue se composait d'un (?), voulant dire : Y a-t-il quelque nouvelle? et d'un (0), répondant : Il n'y en a pas. Un épicier de Hottingham (Flandres) vient de faire du laconisme plus remarquable encore. Il a peint sur sa vitrine deux grands T, l'un peint en noir, l'autre en vert, pour indiquer qu'il vend du thé noir et du thé vert.

TABLE

On sait que la loi des Douze Tables, publiée à Rome sur douze tables de pierre, par les décemvirs, est devenue depuis le fondement de la jurisprudence romaine. Elle a donné lieu au quatrain suivant :

> Un avocat, dont les destins
> Font un juge des plus notables,
> Croit que la loi des Douze Tables
> N'était que pour les grands festins.

TAILLES

Ce nom, qu'on donnait autrefois aux impôts, a produit un jeu de mots.

Une princesse du sang, sous ce qu'on appelle l'ancien régime, passait par une ville de province ; toutes les corporations s'empressèrent de l'aller complimenter. Celle de l'élection n'était représentée que par trois membres. — Madame, lui dit le chef de cette juridiction, nous sommes dans ce moment une preuve sensible de cette vérité sacrée : Beaucoup d'appelés et peu d'élus. Notre devoir est de prononcer sur le fait des tailles, et nous certifierons à tout le monde que la vôtre est des plus élégantes.

TAILLEUR

On disait à un homme distrait : — Votre esprit fait des culottes ? — Pourquoi ? — Parce qu'il est ailleurs.

TAMBOUR

Quels sont les châles qui font le plus de bruit ?
— Ceux qui *sont en bourre*.

TA MÈRE

Belval, mangeant une salade de chicorée, appela sa cuisinière et lui dit : — Es-tu donc la fille de cette salade-là? — Comment, Monsieur? — C'est qu'elle *est amère*.

TEINTURE

— Je voudrais, disait une dame, que mon fils sût un peu de tout, qu'il eût une teinture des langues latine et grecque, une teinture d'histoire et de géographie, une teinture des mathématiques, une teinture du dessin, etc.; mais je ne sais pas pour cela quel maître lui donner.

— Donnez-lui, Madame, un maître teinturier.

TENDRE

UNE PETITE SCÈNE DE TRIBUNAL

D. Vous ne niez pas avoir mendié? — R. Si j'avais reçu de la nature la faveur de l'éloquence...

D. Répondez par oui ou par non. — R. Je réponds par oui; mais n'ayant pas reçu la faveur de l'éloquence, je vous demande la grâce de vous faire lecture de mon excuse écrite. C'est la description en raccourci de ma vie, en douze vers de poésie, pas un de plus, pas un de moins. (Il lit.)

> Le sort pour moi fut un bourreau;
> Conscrit de l'an mil huit cent seize,
> J'ai tiré le numéro treize
> Qui m'envoya sous le drapeau.
> Sorti des rangs, sans sou ni maille,
> On me traita de rien qui vaille;
> Ce qui fait qu'un jour, ayant faim,
> J'ai mendié sur mon chemin.
> Condamné, j'ai subi ma peine,
> Mais de mon sort qu'on se souvienne!
> Si l'on m'avait tendu la main,
> Je n'aurais pas tendu la mienne.

TÊTE-A-TÊTE

Quelqu'un entrant chez un gourmand qui dînait seul devant une tête de veau, lui dit : — Pardon, Monsieur, je ne croyais pas que vous fussiez en tête-à-tête.

Armand Gouffé a mis ce mot en vers :

> N'avez-vous pas connu Beauveau?
> C'était un gourmand respectable.
> Un jour il était seul à table
> Devant une tête de veau :
> On annonce madame Hortense:
> « Ah! parbleu, je suis occupé,
> Dit Beauveau d'un air d'importance ;
> Revenez quand j'aurai soupé.
> — Je vois pourquoi monsieur tempête,
> Reprit la dame sans bouger ;
> Il est fâcheux de déranger
> Un aussi joli tête-à-tête. »

TÉTER

— J'ai-t-été à Paris, j'ai-t-été à Bordeaux, j'ai-t-été à Bruxelles, disait un parleur incorrect. — Vous avez *tété* une truie, lui répondit quelqu'un, car vous parlez comme un cochon.

THÉ

Quelle est la lettre la plus anglaise? — Le *T*.

Un membre de l'Université, d'une excessive rigidité sur les formes grammaticales, était venu passer quelques jours de vacances à Paris. Avant de quitter son hôtel, il vérifiait sa note. La dame du lieu, qui le suivait de l'œil dans sa lecture, le voit tout à coup soubresauter. — Y aurait-il une erreur, Monsieur? — Comment, Madame, mais une erreur très-grave!... Je lis ici, pour mon déjeuner, une omelette avec un seul T.

Mais il en faut deux!... — C'est facile à rectifier, Monsieur. Et la maîtresse d'hôtel écrit en surcharge : Une omelette et deux thés.

Un marchand de thé, à Paris, avait, entre autres annonces, sur sa vitrine, celle-ci, écrite comme les autres en lettres d'or sur une caisse de thé de Chine : *Thé impérial*. En 1814, un agent de la maladroite police des Bourbons vint lui dire : — Otez cela; il n'y a plus d'empire. — Pardon, Monsieur, dit le marchand, il y a encore l'empire de la Chine, et le thé impérial.

Il fallut toutefois ôter l'annonce.

THERMOMÈTRE

> On ne nous parle que de mètre,
> Chaque femme frémit du mot.
> J'entends prononcer kilomètre,
> Et reste ébahi comme un sot.
> Le terme de myriamètres
> Me trouve souvent en défaut;
> Pour nous entendre comme il faut,
> Si nous mettions un terme aux mètres!

Dans la parodie de *Cricri et ses mitrons*, plaisante imitation du *Henri III* de M. Dumas, on assomme un personnage, en menaçant de le traiter comme Léonidas jadis aux Thermopyles.

Le pauvre diable demanda grâce, en criant : — Un *terme aux piles*.

TIRE TON BAS

Un poëte, récitant à son jeune fils qui allait se coucher un poëme qui commençait ainsi :

> Tyr tomba...

l'enfant s'empressa de se déchausser.

TITRES

Louis XIV avait une si haute idée du jugement de madame de Maintenon, qu'il lui disait un jour : « On appelle les papes Votre Sainteté; les rois, Votre Majesté; les princes, Votre Sérénité; pour vous, Madame, on devrait vous appeler Votre Solidité. »

TOMBÉ

M. de L... se trouvait dernièrement dans une petite réunion de membres de l'ex-Constituante.

Pendant la soirée, il s'approcha d'un groupe de dames dont la conversation paraissait très-animée.

— Tenez, Monsieur, dit Mme de C..., justement nous parlions de vous !

— Vraiment! fit le célèbre membre de feu le gouvernement provisoire, je suis bien tombé !

— C'est ce que nous disions, répondit Mme de C...

TOM JONES

Dans le vaudeville de *M. Vautour*, Brunet se trouvait tout de jaune habillé. S'étant caché dans une bibliothèque, il dit en sortant : — Je devais avoir là dedans l'air d'un *tome jaune*.

TONNERRE

La voiture de M. de Pontchartrain se rencontra dans un passage étroit avec celle de M. de Clermont-Tonnerre. Le cocher du premier, voulant faire reculer l'autre, crut lui imposer en nommant le seigneur qu'il conduisait. Le second répliqua : — Je me moque de ton *pont*, de ton *char* et de ton *train*; je mène le Tonnerre, et c'est à toi de reculer.

TOUCHER

Une demoiselle Lange, qui avait obtenu un logement au château de Versailles, sachant que Charles X y arrivait, se mit à sa fenêtre avec une pétition qu'elle avait préparée, et quand le roi passa elle lança sa pétition qui tomba sur le visage de Charles X. Le prince dit en riant : « On ne dira pas que cette pétition ne m'a pas touché ! » Et il accorda une pension de 1,000 fr.

TOUR

Quels sont les plus gros pruneaux ?
— Les pruneaux d'une lieue et demie de Tours.

TOURNEBROCHE

Un homme qui était fort pour la bombance, étant à dîner dans un endroit où il se trouva beaucoup de musiciens, on loua l'excellence des instruments : et chacun, suivant son goût, estima le piano, le violon, la flûte, etc. Au moment où on demanda l'avis du parasite : — Ah ! Messieurs, dit-il, le bel instrument que le tournebroche !

TOUSSAINT

Dans le temps du premier empire, on avait repris les usages anciens de payer à la Saint-Jean, à la Saint-Martin, à la Saint-Pierre, à la Saint-Laurent, etc. Un homme de mauvaise foi, ayant acheté un cheval à un paysan, lui fit son billet à la Saint-Négo et s'en alla.

Le paysan, le lendemain, montra son billet à ses voisins, leur demandant quel jour ce saint arrivait. Mais personne ne le trouvait dans le calendrier. Le bonhomme se rendit chez son acheteur qui lui rit au nez, en disant je vous paierai au jour dit; cherchez-le.

C'était en Champagne, dans le canton de Méry. L'attrapé alla trouver le juge de paix, qui cita le créateur du billet. Devant sa réponse qu'il paierait au jour de Saint-Négo, le cas était embarrassant. Mais le juge s'en tira. — Vous êtes un coquin, dit-il à l'acheteur; mais vous êts pris, car il y a un jour où tous les saints sont fêtés. Et il dut payer le jour de la Toussaint.

TOUSSANT

On a dit que les gens les plus enrhumés de Paris sont les cochers de fiacre, parce qu'ils parcourent la ville en tous sens.

TOUT VERT

De quelle couleur est un coffre-fort quand on le vide?
— Il *est ouvert.*

TRADUCTION

Un enfant qui traduisait du latin de septième, en vacances et sous l'aide de sa mère, était embarrassé devant ces mots : *Marcus Tullius Cicero.*

— Je ne les trouve pas dans mon dictionnaire, disait-il en s'adressant à la maman.

— Mon enfant, disait-elle, *Marcus Tullius Cicero...* *Marcus,* c'est un marchand; *Tullius* doit signifier de la toile... Tu peux mettre : Marchand de toile cirée; et je serais bien surprise si je me trompais.

Un autre enfant, qui se faisait remarquer par une audace intrépide, traduisit ces deux vers de Lucain :

> *Phœnices primi, si famæ creditur, ausi*
> *Mansuram rudibus vocem signare figuris.*

par cette phrase narrative :

Les phénix, dans la primeur, ont si faim qu'on croit

qu'ils osent manger les rudiments, les volumes, le signet et les figures.

Lorsque Voltaire donna sa tragédie d'*Oreste*, on avait mis sur les billets du parterre, on ne sait trop pourquoi, les lettres initiales de ce vers d'Horace :

Omne Tulit Punctum Qui Miscuit Utile Dulci.

O. T. P. Q. M. U. D., ainsi qu'elles se trouvaient écrites dans ce temps sur la toile du théâtre. Les faiseurs de calembours du temps interprétèrent ces initiales par : Oreste, Tragédie Pitoyable Que Monsieur Voltaire Donne.

Après l'avénement de George Ier au trône, le maire de Leicester qui avait toujours supposé que *anno Domini* signifiait la reine Anne, ayant entendu son secrétaire lire une ordonnance municipale, s'écria avec chaleur, lorsqu'il en fut à *anno Domini*. — Pourquoi ne dites-vous pas *Georgio Domini?* vous ne savez jamais ce que vous faites !

TRAIN

Un farceur fit un jour marcher le poste du quai Saint-Bernard, en lui annonçant qu'il y avait beaucoup de train au bout du pont. C'étaient des trains de bois.

TRAVAILLER

Du temps de Cromwel, il fut rendu un décret qui défendait de brasser de la bière le samedi, de peur qu'elle ne *travaillât* le dimanche.

TREIZE

Une femme, qui avait eu déjà douze enfants, venait d'accoucher encore. Un plaisant dit au mari : — A présent vous voilà *à votre aise*.

TRÈS-ÉTROIT

— J'ai un habit qui me gêne. — C'est un habit seize. — Comment? — C'est qu'il est *treize et trois* et que treize et trois font seize.

TRIBUN

Dans le temps du tribunat, on proposait à Brunet de se mettre sur les rangs pour être membre du tribunat. — Je ne veux pas être tribun, répondit-il, parce que ma femme serait tribune, ce qui ne lui plairait pas, et que nos enfants seraient de petits tribunaux, ce qui fait trop de bruit.

TRIOLET

Un plaisant voyant passer trois coquettes, à la fois laides et prétentieuses, disait que c'était un trio laid.

TROUVER

On lisait il y a quelques temps dans les *Petites Affiches*, ordinairement si sérieuses, cette espèce de facétie : — Un particulier très-connu désire trouver une somme de cinquante mille francs, n'importe en quel endroit; il consentira à la partager avec la personne qui la lui indiquera.

Le lord Colburn avait un domestique aussi expert en balourdises qu'il en fut jamais. Milord l'ayant chargé un jour de porter à un magistrat de sa connaissance un présent, celui-ci, en retour, lui envoya une demi-douzaine de perdrix vivantes, avec une lettre. Ces perdrix s'étant débattues en route, il n'eut rien de plus empressé que de lever le couvercle du panier, mais aussitôt elles prirent leur volée. Tant mieux, s'écria le rustre, que le diable les emporte! Mais à son retour à la maison, son maître ayant décacheté la missive. — Oh! oh! dit-il, je trouve dans la lettre six perdrix. — Est-il bien vrai? s'écria John. Je suis charmé, mon maître, que vous les trouviez dans la lettre, car elles se sont toutes envolées du panier.

Le vicomte de S... aborda un jour M. de Vaines en ces termes: — Est-il vrai, Monsieur, que dans une maison où l'on avait eu la bonté de me trouver de l'esprit, vous avez dit que je n'en avais point? — Il n'y a pas un mot de vrai, répondit M. de Vaines, je n'ai jamais été dans aucune maison où l'on vous trouvât de l'esprit.

Ajoutons ici un petit conte en vers de Capelle:

>Dans un moment de grand orage,
>Sur un frêle et mince bateau,
>Un petit-maître, passant l'eau,
>Perdait déjà tout son courage.
>« Mon ami, dit-il au passeur,
>Assurément je n'ai pas peur;
>Mais avez-vous la connaissance
>Qu'en une telle circonstance
>De ce vent le souffle importun
>Vous ait fait perdre ici quelqu'un?
>— Du tout. La semaine dernière,
>Nicolas, mon cousin germain,
>S'est laissé choir dans la rivière;
>Je l'ons trouvé le lendemain. »

TRUITES

En 1826, on licencia la 5ᵉ compagnie des gardes du corps, qui portait, suivant l'usage, le nom de son capitaine, le duc de Rivière. Lorsqu'on vint lire l'ordon-

nance aux gardes assemblés, l'un d'entre eux s'écria :
— La compagnie de Rivière est la compagnie détruite!

TULLE

Quelle est la population la plus légère en France ?
— La population de Tulle.

TURCOMAN

Dans une diligence, un bon bourgeois demandait à un commis voyageur, qui avait l'air de tout savoir, ce que c'était qu'un Turcoman ? — Un Turc au Mans, répondit le farceur, c'est un Turc qui se trouve pour l'instant au chef-lieu du département de la Sarthe.

U

Pourquoi appelle-t-on l'U une lettre cérémonieuse ?
— Parce qu'il est toujours *après T*.

Quelles sont les lettres les plus riches ? — Les lettres U P.

UNE VOIX

Ce mot a plus d'un sens. Lorsque la France acclamait Napoléon III, on a dit qu'il n'y avait là qu'une voix chez nous ; l'expression alors voulait dire l'unanimité. Lorsque le duc d'Orléans Philippe-Égalité voulut se faire nommer maire de Paris, il n'eut pour lui, dans sa section, qu'un seul votant. On afficha ces deux vers à sa porte :

> Saluez, citoyens, le rival de nos rois,
> La ville de Paris n'a pour lui qu'une voix.

Ce jeu de mots a été répété à propos de quelques aspirants au fauteuil académique.

UNIVERS

La reine, chaussée de mules en satin vert uni, demanda au marquis de Bièvre un calembour. — Madame, dit-il, l'*uni vert* est à vos pieds.

UNIVERSITÉ

Un écrivain de quelque mérite, mais qui n'a pas pu être reçu bachelier, a cependant publié des livres qui ont fait grand bruit ; et comme il produit aussi des calembours, il a mis au-dessous de son portrait ces deux vers :

> Quoique je ne sois pas de l'Université,
> On me voit néanmoins dans l'univers cité.

UN NEZ

Quelle est la lettre qui peut se servir aux lunettes ? — C'est un *e*.

USAGE

Sous la dernière république, le *Corsaire*, qui en combattait les tendances, a donné ce spirituel article :

« Un cordonnier communiste lisait une feuille rouge lorsqu'une de ses pratiques entra.

— Que lisez-vous donc, monsieur Crépin ? dit le chaland.

— Je lis le *Socialiste*. En voici un qui est l'ami du peuple ! Écoutez-moi ça :

— Usage pour usage, propriété pour propriété, voilà l'égal échange. En d'autres termes, pour que l'échange soit égal, il faudrait que le locataire reprît son argent quand le propriétaire reprendrait sa maison ; car alors le propriétaire aurait eu l'usage de l'argent du locataire, et le locataire l'usage de la maison du propriétaire ; mais quand l'un reprendrait la propriété de sa maison, l'autre reprendrait la propriété de son argent : l'échange serait égal.

Voilà qui n'est pas bête, hein ! dit le cordonnier en terminant.

— Non, répondit sa pratique, et cela me fait naître une idée. Il y a trois mois, je vous ai acheté et payé une paire de bottes : vous avez fait usage de mon argent, j'ai fait usage de vos bottes. Rendez-moi mon argent, je vais vous rendre vos bottes : en vertu de l'égal échange, nous serons quittes à ce compte. »

USÉE

— Oh ! je suis bien rusée, disait une femme au marquis de Bièvre. — Ah ! Madame, c'est sûrement un R que vous vous donnez.

V

VALET

Instrument de menuisier. On disait d'un de ces utiles industriels qu'il était dans la misère et qu'il gardait dix valets à son service.

VAN

En entendant citer un jeune homme qui avait vingt-neuf ans et dont le père n'en avait que cinq, un bon bourgeois ouvrait d'énormes oreilles.

— Comment cela se peut-il ?

— Rien de plus simple. Ce sont deux vaniers ; le fils a vingt-neuf vans tout faits, le père, en ce moment, n'en a que cinq, ayant vendu les autres.

VAUDEVILLE

Qu'y a-t-il de poétique dans la cuisine ? — *Le veau de ville.*

Qu'est-ce que font les vaches à Paris ? — Elles font des *veaux de ville.*

VAUT

Quel est l'équivalent de *Dominus* ? — C'est *biscum*. — Comment cela ? — C'est qu'on dit souvent *Dominus vobiscum.*

VENIR

Papa Doliban, dit d'Asnières, dans la comédie du *Sourd*, j'avais semé des pommes de terre dans mon jardin, savez-vous ce qui y est venu ? — Parbleu ! répond Doliban, voilà une belle question ! il y est venu des pommes de terre. — Point du tout : il est venu un cochon qui a mangé mes semences.

Mais cette facétie est pillée d'un souvenir historique.

Louis XIV faisant la revue de ses gardes françaises et suisses dans la plaine d'Ouille, un paysan, qui avait semé des pois dans son champ, le trouva ce jour-là couvert d'un bataillon de Suisses, qui foulaient aux pieds ses pois. Il se mit aussitôt à crier : — Miracle ! Miracle !

— Qu'avez-vous, bonhomme, lui dit un officier, à crier miracle ?

Le paysan ne répondit qu'en continuant à crier

miracle jusqu'à ce qu'il pût être entendu de Louis XIV, qui le fit approcher et lui demanda pourquoi il criait miracle. — C'est, dit-il, Sire, que j'avais semé des pois sur ce terrain, et qu'il y est venu des Suisses.

Cette saillie fit rire le roi, qui le fit généreusement dédommager.

VENT

N'y avait-il pas au baptême du prince impérial une voiture plus légère que celle du nonce? — Oui, celle qui était devant.

VERRE

Maynard, fils d'un gentilhomme verrier, était fier de sa noblesse. Saint-Amand lui fit cette épigramme :

> Votre noblesse est mince,
> Et ce n'est pas d'un prince,
> Daphnis, que vous sortez.
> Gentilhomme de verre,
> Si vous tombez à terre,
> Adieu vos qualités.

Pourquoi les vitriers sont-ils si chers aux cabaretiers? — Parce qu'ils ont toujours le verre à la main?

Un joyeux compère à qui on citait ce vers de Boileau :

> Le vers le mieux rempli, la plus noble pensée
> Ne peut plaire à l'esprit quand l'oreille est blessée,

répliqua : — Pour moi, le verre le mieux rempli me plaît toujours.

VERS

Un plaisant, au risque de dire un mauvais mot, prétendait que les vers du fromage n'étaient autre chose que des vers à sa louange, parce qu'ils ne s'y viennent loger que quand il est de bonne qualité.

QUELQUES VERS SINGULIERS.

Dans un broc qui, pour l'ordinaire,
A Grégoire servait de verre,
Une souris un jour tomba
Et se noya, la chose est claire.
L'ivrogne, en buvant, la goba;
Mais en traversant l'œsophage,
Elle fit sentir son passage,
Et Grégoire en toussant dit : « Hein!
Ma petite femme, ma mie,
Mettez en perce, je vous prie,
Un nouveau tonneau; car ce vin
Est arrivé près de sa lie,
Je viens d'avaler un pepin. »

BANSET.

VIE DE M. CLÉMENT.

Il se lève tranquillement,
Déjeune raisonnablement;
Dans le Luxembourg fréquemment
Promène son désœuvrement;
Lit la gazette exactement;
Quand il a dîné largement,
Chez sa voisine Clidament
S'en va causer très-longuement;
Revient souper légèrement,
Rentre dans son appartement,
Dit son pater dévotement,
Se déshabille lentement,
Se met au lit tout doucement,
Et dort bientôt profondément.
Ah! le pauvre monsieur Clément!

> Autrefois un Romain s'en vint, fort affligé,
> Raconter à Caton que, la nuit précédente,
> Son soulier des souris avait été rongé,
> Chose qui lui semblait tout à fait effrayante.
> « Mon ami, dit Caton, reprenez vos esprits,
> Cet accident en soi n'a rien d'épouvantable ;
> Mais si votre soulier eût rongé les souris,
> C'aurait été, sans doute, un prodige effroyable. »

Il y avait, sous la régence, à Saint-Eustache, un suisse nommé Mardoche. Il mourut en 1727. Son ami Bombel, petit marchand mercier, voulut lui faire une épitaphe, et il pensa que, pour plus de dignité, elle devait être en vers. Il consulta un écrivain public des Halles, qu'il jugeait capable de l'initier à l'art poétique. Celui-ci, ne voulant pas le fatiguer d'un travail pénible, ne lui donna qu'une règle : c'est qu'il fallait que chaque vers rimât avec son double et que, pour rimer, chaque vers devait se terminer par les trois mêmes dernières lettres.

Bombel se mit à l'œuvre et produisit l'épitaphe qui suit, et qui a été conservée :

> Ci-gît mon ami Mardoche.
> Il a voulu être enterré à Saint-Eustache.
> Il y a porté trente-deux ans la hallebarde.
> Dieu lui fasse miséricorde !

Par son ami J.-D. BOMBEL. 1727.

VERT

Une dame de qualité, vieille et sèche, se trouvait à un bal que donnait Henri IV. Elle était vêtue d'une robe verte. Le roi la remarqua et lui dit plaisamment :
— Madame, je vois que, pour nous faire honneur, vous avez employé le vert et le sec.

Un jeune homme, qui avait dissipé en peu de temps une fortune considérable, tomba malade et fut saigné. Le médecin trouva le sang vert.

— Il peut bien être vert, répondit le malade, car j'ai mangé tout mon bien en *herbe*.

VETO

A Versailles, on entendit, en 1790, un orateur des groupes dire au peuple : — Voici ce que c'est que le veto. Imaginez-vous qu'au moment où vous mangez votre soupe, un homme vient, de la part du roi, dire : *Veto*, et voilà que votre soupe n'est plus à vous.

C'est ainsi qu'on instruisait le peuple.

VIDER

Un dissipateur disait pour se procurer du crédit : — *Je vis de mes rentes*. Un jour que ses créanciers le trouvèrent ruiné, ils lui reprochèrent de les avoir trompés.

— Pas du tout, répondit-il, je vous ai toujours dit que je *vidais* mes rentes.

Un juge remettait une cause à la huitaine. L'avocat sollicitait pour qu'e fût entendue tout de suite.

— De quoi s'agit-il donc? dit le magistrat.

— Monseigneur, de six pièces de vin.

— Oh! la cour, en effet, peut aisément vider cela.

VIGILANCE

Cicéron disait de Caninius Revitius, qui n'avait été consul qu'un seul jour : — Nous avons un consul si vigilant, qu'il n'a pas dormi une seule nuit pendant son consulat.

VIN

Dans une chanson de M. Gerbois sur les vins, l'annonce d'un cabaret nouveau contient ces deux couplets :

>Vin de Liége pour les enfants,
>Vin de Meaux pour tous les artistes,
>Bon vin de Sens pour les savants,
>Vin d'Asnières pour les copistes.
>Vin de Pantin pour les danseurs,
>Pour les coquets vin de Cologne,
>Vin de Courbevoie aux trompeurs,
>Et vin d'Avallon pour l'ivrogne.
>
>Pour les vieilles, vin de Milan ;
>Vin de Talan à nos poëtes ;
>Pour les poltrons, vin de Cachan ;
>Vin de Constance aux girouettes.
>Bon vin de Nuits pour les voleurs ;
>Au pauvre homme, vin de Santerre,
>Du vin de Plaisance aux rieurs ;
>Pour les braves, vin de Tonnerre.

VINCENT

Les paysans se proposent cette énigme : Vingt cent mille ânes dans un pré et cent vingt dans un autre.

Ce qui s'explique en écrivant : Vincent mit l'âne dans un pré et s'en vint dans un autre.

VINGT

Savez-vous, disait quelqu'un à Désaugiers, que les Autrichiens sont maîtres de Mâcon ? — Hélas ! oui ; et cela devait être. — Pourquoi ? — Parce que l'ennemi a attaqué avec des pièces de vingt-quatre, et les habitants n'avaient que des pièces de vin pour se défendre.

VINGTIÈME

Nom d'un impôt au dernier siècle.

Une veuve qui avait dix-neuf enfants, et qui n'était pas en état de payer l'impôt annuel dû au roi, lui présenta un placet conçu en ces termes :

« Sire, j'ai donné *dix-neuf* sujets à l'État ; je supplie « votre Majesté de vouloir bien m'exempter du « *vingtième*. »

VINGT SCÈNES

Si vous êtes embarrassé pour faire un vaudeville, prenez la voiture de Saint-Maur. — Et puis ? — Et puis, vous trouverez *Vincennes* en chemin.

C'est vieux. Aujourd'hui on prend le chemin de fer.

VIVRE

Le duc d'Orléans, régent, demandait à Lagrange-Chancel, l'auteur des *Philippiques*, pourquoi il faisait de sa plume un instrument de scandale : — Monseigneur, répondit celui-ci, il faut bien que je vive. — Je n'en vois pas la nécessité, répliqua le prince.

VOIR

Beauzée, le grammairien, était malade. Un homme qui louchait lui demanda : — Comment vous portez-vous ? — Comme vous voyez, repartit l'inexorable savant.

Un officier présentait à Henri IV un placet dans lequel il exposait qu'ayant reçu un grand nombre de blessures à son service, il avait besoin de ses secours. Le roi, après avoir lu le placet, dit : — Nous verrons. — Il ne tient qu'à vous de voir à l'instant, dit le pétitionnaire en ouvrant son justaucorps et sa chemise, et en montrant les cicatrices dont il était couvert.

VOITURE

Un entrepreneur de roulage envoya un de ses commis lui acheter des lettres de voiture. Le commis entra chez un libraire, qui lui répondit que les *Lettres de Voiture* n'étaient plus dans le commerce, mais qu'il pouvait lui offrir celles de madame de Sévigné.

VOIX

Le comte Molé disait d'une femme qui chantait avec beaucoup de suavité : — C'est une voix douce comme du lait. Quelqu'un reprit : — C'est donc la voie lactée.

On demande aussi, dans le même but : — Quelle est la voie la plus haute ? — Et on répond, c'est la voie lactée.

A la fin d'un dîner où le dessert était mince, on disait du chanteur célèbre qui le donnait : — Cet homme fait de sa voix tout ce qu'il veut. — Qu'il nous en fasse donc un *biscuit de sa voix*, dit un convive.

VOLER

Le baron Vollant fut un jour présenté à l'empereur Napoléon Ier. C'était dans un bon moment.—Ah ! ah ! Monsieur le baron Vollant, se prit à dire Napoléon ; un beau nom pour un ordonnateur ! — Sire, répondit gravement M. Vollant, il y a deux L à mon nom. — Eh bien ! Monsieur, c'est une raison pour mieux voler.

On demandait à Alexandre Dumas : — Que pensez-vous des communistes icariens ? Il répondit : — Les communistes icariens sont les disciples d'un certain *Grec* qui a voulu *voler*.

Un tailleur avait fait peindre au-dessus de sa porte une paire de ciseaux armés de deux ailes déployées, et fait écrire au bas *Aux ciseaux volants*. — Voilà, dit un plaisant, ce que l'on peut appeler une enseigne parlante.

Dans une petite ville de Normandie, il y avait un juge en très-mauvaise odeur, et qui passait pour le plus grand voleur de son pays. Un jour qu'il donnait à manger, il fit venir un traiteur et lui demanda, entre autres mets, des canards de rivière.

Le traiteur s'excusa sur ce que la saison n'était pas encore assez avancée.

— Quoi, lui dit le juge, il y a deux jour que j'en ai vu une compagnie de deux douzaines qui volaient!

— Cela se peut, Monsieur, mais vous savez que tous ceux qui volent ne sont pas pris.

VOLTAIRE

En sortant de la représentation d'une de ses pièces qui avait été sifflée, Piron fit le quatrain suivant :

> Piron prend un vol trop haut
> Pour les badauds du parterre;
> Ce n'est qu'un *vol terre à terre*
> Qu'il leur faut.

VRAIMENT SOT

Un jeune homme du Mans ne trouvait rien de bon à Paris. Les spectacles, les monuments publics, les mœurs, les usages, tout le choquait. — Vive la ville du Mans! disait-il à un Parisien, voilà un vrai pays de Cocagne! — Monsieur lui dit le Parisien, vous êtes *vrai Manceau.*

W

WIGH ET TORY

Expliquez-moi, je vous prie, dit un jour Louis XV à M. de Vergennes, la différence qu'il y a entre un Whigh et un Tory, en Angleterre.

La différence n'est que dans le nom, reprit le ministre : les Torys sont Wighs, quand ils ont besoin de places, et les Wighs sont Torys, quand ils les ont obtenues.

X

C'est la lettre de l'alphabet qui ressemble le plus aux flots agités, parce qu'elle est toujours *sous le V*.

Y

YEUX

Un vieil avare, pour attacher à son service un laquais qui ne vivait chez lui que trop frugalement, avait fait ce testament : « Je donne et lègue au domestique qui me fermera les yeux douze cents livres tournois et mon domaine de Varac. »

Le maître mourut enfin. Le domestique demanda aux héritiers la délivrance du legs qu'il lui avait fait. Un d'eux voulut voir le testament. En lisant ces mots, qui me fermera *les yeux,* il s'écria avec joie : — La donation est nulle.

— Et pourquoi donc, Monsieur?

— Mon ami, mon oncle était borgne. Tu n'as donc pu lui fermer *les yeux.*

Un officier étranger ne put s'empêcher, dans une visite qu'il fit au roi de Prusse, Frédéric II, à Sans-Souci, de lui marquer sa surprise de ce qu'il voyait le portrait de l'empereur d'Allemagne dans tous les appartements du château, et il demanda à Sa Majesté pour quelle raison il faisait cet honneur à son ennemi naturel. Ah! dit le roi, l'empereur est un jeune souverain, actif et entreprenant, j'ai cru nécessaire d'avoir toujours les yeux sur lui.

On dit *faire les yeux doux* à une dame pour exprimer qu'on en est épris. Une dame, qui avait le regard rude, se trouvant dans une compagnie, un jeune homme demanda à son voisin qui elle était. — C'est, dit-il, la marquise de T., à qui le duc de *** a fait les yeux doux. — Il a bien mal réussi, dit le jeune homme.

Un dilettante s'extasiait, au Café de Paris, sur la beauté de la charmante Henriette Sontag, qui venait de débuter aux Bouffes. Un monsieur, qui avait écouté l'enthousiaste, se hasarda à dire que mademoiselle Sontag était en effet très-jolie, mais qu'elle avait un œil plus petit que l'autre. — Un œil plus petit! s'écria le sontagolâtre, vous ne l'avez pas vue, elle en a au contraire un plus grand.

Z

ZÉLÉ

Dans un dîner modeste à ses confrères, un bon curé servait deux canards. — Ce sont là de vos paroissiens, dit un des convives. — Et ce ne sont pas les moins ailés, répliqua un spirituel abbé.

ZÉRO

Un Gascon fit un jour un mémoire à présenter au conseil des Cinq Cents ; il l'avait énoncé ainsi : « Mémoire au conseil des 500,000. » Un de ses amis, auquel il en fit part, lui représenta qu'il avait mis trois zéros de trop : — Sandis, dit le Gascon, je n'en mettrai jamais autant qu'il y en a.

On aura peut-être peine à croire que ce soit contre La Bruyère, qui ne fut admis au fauteuil académique qu'avec la plus grande difficulté, que fut composé le quatrain suivant :

> Quand La Bruyère se présente,
> Pourquoi faut-il crier haro?
> Pour faire un nombre de quarante
> Ne fallait-il pas un zéro?

FIN.

EN VENTE À LA MÊME LIBRAIRIE

NOUVEAU MANUEL
ILLUSTRÉ
DU JEU DES ÉCHECS

www.ingramcontent.com/pod-product-compliance
Lightning Source LLC
Chambersburg PA
CBHW062011180426
43199CB00034B/2314